Neue Kunden

gewinnen

und den Umsatz

steigern

in der neuen Welt des VERKAUFEN 4.0

22 überzeugende Verkaufsstrategien, mit
denen du deinen Umsatz rakentenhaft
steigerst

Werner F. Hahn
Verkaufstrainer + Fachbuchautor

© Werner F. Hahn

Rel. 01 - 01.08.2015

Herausgeber:

Werner F. Hahn GmbH

Willy-Brandt-Platz 6

55122 Mainz

Umschlaggestaltung:

Ingenium – Design und Kommunikationsmedien

www.ingenium-design.de

Cartoons: Markus Blatz

E-Mail: rotten.vegetable@gmx.de

WORD-Beratung: Martina D'Avis

info@davis-grafik.de

ISBN: 9783-7386-2487-8

Herstellung und Verlag: BoD - Books on Demand, Norderstedt

Fotos: fotolia.com

Im Folgenden ist der Einfachheit immer vom „Verkäufer" die Rede, denn die ständige Unterteilung in „die Verkäuferin/der Verkäufer" oder „der/die VerkäuferIn" stört den Lesefluss erheblich. Seid mir bitte nicht gram, liebe Leserinnen, ich kann gar nicht frauenfeindlich sein, denn ich halte die Frauen sowieso für die besseren Verkäufer.

Wissenschaftliche Untersuchungen sind zu dem Ergebnis gekommen, dass die „Du"-Ansprache der direktere Weg zum Unterbewusstsein ist. Du bist ja sicher daran interessiert, einen größtmöglichen Nutzen aus diesem Buch zu ziehen. Deswegen habe ich die „Du"-Ansprache gewählt. Solltest du weiterhin das „Sie" bevorzugen, dann stell dir bei jedem „Du" einfach vor, dass du mit „Sie" angesprochen wirst.

Inhaltsverzeichnis

1. Warum ich dieses Buch geschrieben habe   6
2. Justiere zuerst deinen inneren Kompass,
   bevor du die Segel setzt   8
3. Vergiss dein Zeitmanagement – konzentriere dich auf
   dein Selbst-Management   11
4. Entwickele und Implementiere dein Markenzeichen: DU   16
5. Was sagt dein Name deinem Gesprächspartner?   21
6. Warum die Menschen DICH kaufen   26
7. Freund kaufen von Freunden und andere überholte Mythen   29
8. Was es heißt, besonders erfolgreich im Verkauf zu sein   39
9. Wie Gewinner gewinnen   44
10. Wie vermeidest du, dass dein Verkaufsgespräch
    in einem Abenteuer endet?   47
11. Schalte zuerst deine Ohren auf Empfang und öffne
    dann dein Mundwerk   50
12. Die besten Fragen, die du deinem Gesprächspartner
    stellen solltest   56
13. Zwei Worte, die deinen Nutzen ganz klar darstellen   60
14. Wie du sicherstellst, dass dein Verkaufswissen
    nicht in Vergessenheit gerät   66
15. Den Auftrag zu bekommen ist ein Kinderspiel,
    wenn du dieses kleine Geheimnis kennst   69

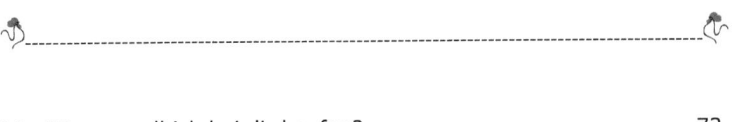

16. Warum soll ich bei dir kaufen?   72

17. Wie baust du eine harmonische Beziehung auf?   75

18. Mit intelligenten Fragen schneller zum Abschluss   79

19. Du hast doch schon als Kind gut verkauft   82

20. Glaubst du wirklich an: *„Den Auftrag machen?"*   85

21. Willkommen in der Gegenwart.
    Hier und heute findet der Verkauf statt   90

22. Die goldene Frage und wie du kontinuierlich
    Wachstum erreichst   96

23. Einwand: *„Ich will noch mal darüber nachdenken."*   100

24. Abschließende Gedanken   105

25. Weise Worte   106

26. Deine fünf größten Feinde im Verkauf   109

27. Werner F. Hahn   114

28. Literaturverzeichnis   117

29. Haftungsausschluss   118

30. Danke!   119

31. Partner   120

32. Intensivtraining: Mehr Termine. Mehr Aufträge   125

33. Intensivtraining: Wie Rabatte dein Geschäft ruinieren   128

34. sales vitamins – frische Vitamine für besseres Verkaufen   131

35. Deine automobile Universität: Podcast   132

1. Warum ich dieses Buch geschrieben habe

Ich habe dieses Buch geschrieben, weil ich Verkäufer dabei unterstützen will, ihre Verkaufsergebnisse weiter zu steigern. Albert Einstein sagte einst: *"Die Definition von Wahnsinn ist, immer wieder das Gleiche zu tun und andere Ergebnisse zu erwarten."*

Unglücklicherweise sind viel zu viele Verkäufer zu beschäftigt, um mit smarter Vorgehensweise bessere Ergebnisse zu erzielen. Insofern tun sie die gleichen Dinge immer wieder und wundern sich über die gleichen Ergebnisse.

Dieses Buch ist zum Schnelllesen gedacht. Es beinhaltet Verkaufstipps, Verkaufstechniken und Verkaufsstrategien, mit denen du deinen Umsatz erheblich steigern kannst – sofort!

Ich empfehle in diesem Buch tausendfach getestete Vorgehensweisen, die ich mit vielen Verkäufern und Führungskräften entwickelt und aktiv eingesetzt habe. Deswegen werden diese Tipps auch in deinem Fall erfolgreich sein – vorausgesetzt du setzt sie um.

Zusätzlich will ich mit dir einige Ideen teilen, die mit Zielerreichung und Zeitmanagement zu tun haben, damit du besser organisiert bist. Es geht heute nicht mehr darum, mehr Termine zu haben und mehr zu verkaufen – hol aus deinen Terminen mehr profitablen Umsatz und dann gehst du mit deiner Familie um 14 Uhr an den Baggersee (okay, nur im Sommer).

Während der vielen Begleitungen von Verkäufern im Tagesgeschäft und in vielen Trainings habe ich die Erfahrung gemacht, dass der Verkäufer das Markenzeichen Produkt verstanden hat. Das ist die gute Nachricht. Die schlechte Nachricht ist, dass der überwiegende Teil der Verkäufer nicht in der Lage ist, sich selbst als Markenzeichen zu verkaufen.

Dieses Buch beinhaltet weitere gute Ideen, warum die Topp-20%-Verkäufer erfolgreich sind. Möglicherweise weißt du nicht, warum das so ist. Du kannst deinen Umsatz schnell verdoppeln, wenn du exakt weißt, wie es funktioniert. Dazu brauchst du keine bahnbrechenden Aktivitäten starten, es genügt das Drehen an einigen kleinen Stellschrauben.

Zusätzlich gebe ich dir noch zwei entscheidende Worte mit auf den Weg, die dafür sorgen, dass in deiner Nutzenargumentation das Wort *„werthaltig"* vorkommt.

Erfreu dich an diesem Buch uns setz das aktiv um, was ich dir empfehle. Du wirst mehr Aufträge bekommen, deinen Umsatz steigern und höhere Provisionen erhalten – das erfreut deinen Boss, deinen Bankberater und deine Familie wird stolz auf dich sein. Und dir gibt das alles noch mehr Selbstvertrauen.

2. Justiere zuerst deinen inneren Kompass, bevor du die Segel setzt

Steigt der McKinsey-Berater im Frankfurt am Flughafen ins Taxi und der Fahrer fragt ihn: *„Wo soll es hingehen?"* Antwortet der McKinsey-Mann: *„Egal – ich werde überall gebraucht."*

„Frag mich nicht, wo ich hin muss, ich bin derzeit zu beschäftigt." Das ist der Ansatz, den die meisten Verkäufer beherzigen. So planen Sie und setzen sich die entsprechenden Ziele. Viele Menschen beschäftigen sich mit dem Ruhestand, wenn er bereits eingetreten ist. Das ist doch bedauerlich und mitleiderregend. Da gibt es doch einen besseren Weg.

Viele Verkäufer sitzen einem Interessenten gegenüber und stellen dann fest, dass sie viel zu wenig über den Gesprächspartner wissen und jetzt erst darüber nachdenken, was ihr Ziel in diesem Moment ist. Da gibt es doch einen besseren Weg.

Viele Verkäufer gehen davon aus, dass in ihrem Verkaufsgespräch keine Einwände aufkommen werden. Werden sie plötzlich mit den Einwänden konfrontiert, schwillt der Blutdruck an, das Gesicht verfärbt sich und der Gesprächspartner legt seinen Finger noch tiefer in die Wunde. Da gibt es doch einen besseren Weg.

Für viele Menschen gibt es zwei Lebensformen: die private und die berufliche. Beide sind extrem wichtig und beanspruchen deine volle Aufmerksamkeit. Stell dir vor, du bist Künstler und starrst auf eine blanke Leinwand. In der einen Hand hältst du die Palette mit den Farben und in der anderen Hand den Pinsel. Mit dem Pinsel zeichnest du einen geraden Strich von oben nach unten.

Auf der einen Seite der Leinwand zeichnest du ein Bild von deinem Leben, wie du es dir privat wünschst. Auf der anderen Seite zeichnest du ein Bild von deinem Leben, wie es beruflich aussehen soll.

Wenn du dir nicht die Zeit nimmst, um über das Leben nachzudenken und deine Ziele zu definieren, wirst du weiter vor einer blanken, leeren Leinwand stehen.

Und wenn du eines Tages diesen Planeten verlassen wirst, dann kommt jemand und zeichnet ein Bild über das, was du im Leben erreicht hast. Es ist nicht das Bild, was du alles im Leben hättest erreichen können. Da gibt es doch einen besseren Weg.

Ich habe mal in Oberstdorf einen Vortrag von einem sehr guten Bergsteiger gehört, der viele Achttausender bereits erklommen hat. Während seiner Präsentation stellte er den Projektor ab und fragte seine 29 Zuhörer: *„Ab welchem Zeitpunkt kann ein Bergsteiger verzweifelt sein?"* Die Zuhörer brachten viele Vorschläge, doch es kam immer wieder die Antwort: *„Nein!"*

Schließlich sagte er: *„Wenn du einen Berg besteigst wie den Mount Everest kannst du wirklich verzweifelt sein, wenn das schlechte Wetter dich quält. Und das ist immer dann, wenn du den Gipfel bzw. dein Ziel nicht siehst."*

Wenn du dein Ziel siehst, wirst du es auch erreichen. Denk bitte an die guten Vorsätze, die du dir zu Beginn des neuen Jahres aufstellst und nur dann erreichst, wenn du sie schriftlich definiert hast. Sind sie nur in deinem Kopf, so sind sie permanent auf Wanderschaft.

Du wirst in deinem Leben keinen Ausgleich finden, wenn du dir keinen Plan dafür machst.

Nur was du auch messen kannst, wirst du verändern.

Vergiss, was deine Konkurrenz alles macht. Mach das, was sie nicht machen und du wirst einen Vorteil erreichen.

Denk daran: Begeisterung, Leidenschaft und eine positive JA!-Einstellung führen zum Erfolg.

Die Mutter allen Erfolgs ist und bleibt die schriftliche Aufzeichnung der Ziele, die du dir gesetzt hast.

Es ist dein Leben – leb es! Du hast es verdient.

3. Vergiss dein Zeitmanagement – konzentriere dich auf den Selbst-Management

Wenn es je ein Wort mit einem Widerspruch gegeben hat, ist es das Wort „Zeitmanagement." Du kannst keine Zeit managen. Keiner auf der gesamten Welt kann das. Jeder von uns startet in einen neuen Tag mit 86.400 Sekunden.

Egal wie viele Uhren du trägst, wie viele Stoppuhren du verwendest, egal auf wie viele Zeitnehmer und Zeitraffer du schaust – du kannst du Zeit nicht kontrollieren. Dein Sekundenzeiger tickt unaufhörlich weiter – Sekunde für Sekunde.

Du kannst nur darüber nachdenken, wie du die Ressource Zeit für dich einteilst. Es geht hier also nicht um Zeit-Management sondern um Selbst-Management. Du hast die Möglichkeit, deine Aktivitäten zu priorisieren. Und du kannst jederzeit zu allen Anforderungen sagen „JA" oder „NEIN".

Es ist dein Leben und deine Zeit. Deine Zeit ist limitiert und du solltest sorgsam damit umgehen.

Hier kommen fünf Tipps, wie du jeden Tag produktiver werden kannst:

Tipp #1: Starte jeden Tag mit deinem six-pack. Du weißt, dass tausende von Dingen auf der to-do-Liste stehen. Das ist nicht das Thema. Die Frage ist, wie du deine Zeit über den Tag einteilst. Sobald die Themen auftauchen - reagierst du sofort oder überreagierst du sogar?

Du weißt, da gibt es einen besseren Weg. Identifizier die wichtigsten sechs Themen mit dem größten Nutzen auf deiner to-do-Liste und priorisiere sie mit einer Nummer von eins bis sechs. Das ist ganz einfach. Das ist so einfach, dass es die meisten Menschen nicht tun. Und die, die es so tun, haben gegenüber denen die es nicht tun, einen entscheidenden Vorteil.

Tipp #2: Kauf dir ein weiße Tafel, ein Whiteboard. Je größer, umso besser. Meine Tafel im Büro ist 1x2 Meter groß. Der Vorteil liegt darin, dass alle wichtigen Informationen sofort in meinem Blickfeld sind. Zuletzt habe ich alle wichtigen Ziele für das Jahr 2016 auf der Tafel notiert. Sobald ich in mein Büro komme und am Schreibtisch sitze, sehe ich wieder meine Ziele 2016.

Eines meiner Ziele sind immer 80 Trainingstage durchzuführen. Wie visualisiere ich dieses Ziel? Im Karstadt habe ich mir ein Maßband gekauft und es auf 80 cm gekürzt. Diese 80 Zentimeter hängen am Türrahmen meines Büros. Immer wenn ich mein Büro betrete, schaue ich auf das Maßband und weiß: es wird Zeit wieder zu akquirieren. Sitze ich am Schreibtisch, dann stehen links davon die Kartons mit meinen veröffentlichen Büchern. „Lagerbestand erhöht den Verkaufsdruck!" und schon denke ich nach, wie ich mehr Bücher verkaufe.

Glaubst du, dass es von Vorteil ist, wenn ich täglich auf meine Ziele schaue? Hat das einen Einfluss auf meine Aktivitäten? Eindeutig: JA!

Tipp #3: Dieser Tipp hat damit zu tun, wie viele Menschen mit ihrem Mobiltelefon umgehen.

Das ist wieder ganz einfach und ich glaube, dass du eine andere Vorstellung davon hast, wie mein Tipp aussieht. Je mehr Menschen die Telefonnummer deines Handys haben, umso weniger hast du die Kontrolle über deine Zeit und über dein Leben.

Hast du deine Telefonnummer auf der Stirn eintätowiert, dann bist du auch 24 Stunden am Tag und 7 Tage die Woche für jeden erreichbar. Wunder dich nicht über die vielen Anrufe. Ich stehe doch lieber am Strand und genieße das Ambiente als das 200 und mehr Anrufer darauf warten, dass ich zurückrufe und mir selber Stress bereite.

Es macht doch mehr Sinn, den größten 10 Kunden deine Handynummer zu geben. Sobald das Telefon klingelt, weißt du, dass es ein wichtiger Kunde ist. Denk daran: über den Tag hast du die Kontrolle oder du wirst kontrolliert. Es ist immer besser, pro aktiv zu sein als reaktiv. Es ist dein Telefon und es ist deine Entscheidung.

Wenn du mit mir darüber sprechen willst, dann ruf mich doch gerne auf meinem iPhone an: 0171 – 650 56 90.

Tipp #4: Hierbei geht es um dein Auto. Viele Verkäufer sitzen ja zwei und mehr Stunden im Auto. Die meiste Zeit telefonieren sie (hoffentlich mit einer Freisprecheinrichtung) oder sie hören Radio, HR 3, WDR 2, NDR 3 oder einen anderen Sender.

Keiner von diesen Sendern mit ihren „Laber-Moderatoren" wird dir jemals einen Cent zu deiner Zielerreichung geben. Im Gegenteil: am Mittwochmorgen hörst du schon, wie lange es noch dauert, bis endlich das Wochenende startet. Deswegen empfehle ich dir, nimm teil an meiner automobilen Universität.

Geh auf die Seite www.wernerhahn.de und abonniere meinen Podcast mit Themen rund ums Verkaufen. Verwandele für 10 Minuten täglich dein Auto in einen Universität – das sind im Laufe eines Jahres fast vier Tage Training on the job.

Eine geniale Idee: dein Auto ist deine automobile Universität. Während der Fahrt hörst du dir die Podcast an, um dein Verkaufswissen zu steigern. Je mehr du hörst auf deinen Fahrten zu den Interessenten und Kunden, umso mehr wirst du lernen.

Während der Fahrt bekommst du neue Ideen über die einzelnen Stufen des Verkaufserfolgs, die du sofort im nächsten Gespräch umsetzen kannst. Hast du schon mal darüber nachgedacht, wie schnell eine gerade gehörte Idee zu einem großen Abschluss führen könnte?

Hast du schon mal darüber nachgedacht, welchen Wert ein Kunde hat, der immer wieder, immer öfter und immer mehr bei dir kauft?

Je mehr Ideen du auf der Fahrt zu und von deinen Interessenten und Kunden sammelst, umso erfolgreicher wirst du sein.

Tipp #5: Das ist ein wichtiger Tipp. Lies diesen Tipp genauso intensiv, wie du die anderen vier Tipps jetzt gelesen hast.

Viele Verkäufer können nicht abwarten, was sie alles in einem Verkaufsgespräch zu sagen haben. Das bedeutet auch, dass sie sich einfach nicht darauf vorbereiten, was das Ziel des Gesprächs ist. Jetzt kommt mein Tipp und wie du den selbst aufgebauten Druck vermeidest.

In eine solche Übung manövrierst du dich über das was du sagst und wie du es sagst selbst hinein. Sagst du zum Beispiel: *„Wie schnell benötigen Sie die Teile?"* so ist dies ein sehr gebräuchlicher Ausdruck. Dies ist eine Variante, um deinen Gesprächspartner zu begeistern und zu beeindrucken. Was diese Variante allerdings so armselig macht ist die Tatsache, dass 99% der Gesprächspartner antworten mit: *„So schnell wie möglich!"* und damit setzen sie dich stark unter Druck.

Das ist reaktiv und völlig überflüssig. Informier doch deinen Kunden/Interessenten darüber, wann du eine Lieferung für ihn platzieren kannst. Dann kannst du ihn immer noch fragen: *„Wie passt das in Ihre Terminplanung?"* In den meisten Fällen wirst du eine positive Antwort erhalten.

Der Gegendruck wird dich die ganze Zeit begleiten. Es ist dein Leben und es ist deine Zeit, die du in das Gespräch investierst.

Nimm dir die Zeit für dein erfolgreiches Verkäufer-Leben.

4. Entwickele und Implementiere dein Markenzeichen: DU

Wenn du Unternehmer oder Verkäufer bist, dann ist es auch den Ziel, bei deinen Kunden und Interessenten bekannt zu sein. Und du willst dich ja auch unterscheiden von deiner Konkurrenz. Das ist einfach gesagt und anspruchsvoll zu gestalten.

Ich fasse den Inhalt dieses Buches zusammen und komme zu dem Ergebnis, dass es dazu beitragen wird, dir ein persönliches Markenzeichen zu schaffen.

Was wollen die Menschen denken, wenn sie an dich denken? Hast du über diese Frage noch nie nachgedacht, so ist jetzt die richtige Zeit dazu.

Gerade im Geschäftsleben amüsiert es mich immer wieder, wenn ich Verkäufer sehe, die anders sein wollen als die Verkäufer ihrer Konkurrenz. Hey, du musst nicht erzählen, dass du gerne ein Jetpilot gewesen wärst, als du deine Mitschüler beeindrucken wolltest. Wolltest du wirklich anders sein als deine Mitschüler?

Sicher nicht. So ist es auch nicht überraschend für uns, wenn uns diese Einstellung auf unserem weiteren Karriereweg begleitet.

Was ich schon früh gelernt hatte: zwei Menschen sind nie identisch. Es gibt keine Fingerabdrücke von zwei Menschen, die übereinstimmen. Viele Menschen schlüpfen in bestimmte Rollen und verlieren damit ihre Authentizität und ihr Original.

Gerade im Verkauf ist doch deine Authentizität besonders wichtig, da du damit Vertrauen aufbauen wirst und dich von den anderen unterscheidest. Mach doch schnell die folgende Übung. Schreib den Namen deiner zwei größten Mitbewerber auf und notier die Punkte, die dich von ihnen unterscheidet. Wie einfach ist das für dich?

Mache ich diese Übung in meinen Verkaufstrainings, dann kommt fast immer diese Liste heraus:

Zuverlässig, schnell erreichbar, aufrichtig, erfahren, Reaktionsfreudig, verlässlich, schnelle Problemlösung, zeitnah, loyal, ehrenwert, guter Gesprächspartner und so weiter. Ich halte das alles für einen Witz.

Wenn ich höre, dass diese Punkte mich von der Konkurrenz unterscheiden – gibt es dann überhaupt einen Unterschied zwischen dir und der Konkurrenz?

Die einfach Wahrheit ist: das unterscheidet dich doch nicht von deiner Konkurrenz. Das sagen doch alle, die im Vertrieb sind. Traurig, aber wahr.

Da gibt es doch schon einige Unterschiede im persönlichen Markenzeichen. Natürlich können wir nicht alle Bastian Schweinsteiger, Madonna, Campino von Die Toten Hosen oder Heino sein. Diese starken Markenzeichen stehen für Glaubwürdigkeit, hohem Nutzen, hohe Widererkennung und die Menschen denken zuerst an diese Personen.

Für dich kannst du auch einen persönlichen Markennamen definieren. Dazu gehören dann sicher auch einige der vorgenannten Eigenschaften.

Hier kommen einige Vorschläge, wie du deinen Markennamen **DU** kultivieren kannst:

* Deine Sprache und deine Modulation
* Dein Erscheinungsbild
* Dein Auto
* Deine Aktentasche
* Dein Wortschatzschatz
* Deine Auszeichnungen und Errungenschaften
* Deine Pünktlichkeit
* Deine Ausstrahlung

Besser zu sein ist der erste Schritt, um sich zu unterscheiden. Nimm dir die Zeit, um dieses Konzept für dich umzusetzen.

Ich habe schon mehrfach gesagt, dass die *JA!-Einstellung* zum Thema Verkaufen ALLES ist. Das ist der wichtigste Punkt im Verkaufsprozess. Du brauchst dir über Nutzenargumentation und Einwandbehandlung keine Gedanken machen, wenn die JA!-Einstellung nicht vorhanden ist. In der Gegend rumfahren und Aufträge einsammeln? Das hat es noch nie gegeben.

Denk nicht so, wie alle anderen denken. Denk anders.

* Was hat Thomas Alva Edison für die Glühbirne getan?
* Was hat Neil Armstrong für die Raumfahrt getan?
* Was hat Heinz Nixdorf für den Computer am Arbeitsplatz getan?

Bevor Tiger Woods der große Golfstar wurde, hat er seinen Markennamen in die Welt gesetzt: er trug immer sein rotes Poloshirt.

Hier gebe ich dir weitere Tipps, um deinen Markennamen zu etablieren:

Verschick immer personalisierte und handschriftliche Notizen und verwende dazu einen Füller mit blauer Tinte.

Frag immer wieder, wie lange sie schon das machen, was sie derzeit tun. Notier dir das in deinem elektronischen Kalender und sende zum Jahrestag immer eine besondere Grußkarte. Sie werden sich fragen: *„Noch nie habe ich eine Karte von meinem derzeitigen Lieferanten bekommen!"* Das ist deine Chance.

Kreier eine einzigartige E-Mail-Unterschrift. So wie ich sie nutze:

- 34 Jahre im Verkauf...
- 143 Kunden
- 1.531 Verkäufer im Tagesgeschäft begleitet
- 81,3% ist die Quote von Wiederholungskunden

Verschick Weihnachtskarten bereits Ende November.

Versende außergewöhnliche E-Mails, die das Interesse deines Gesprächspartners wecken und gelesen werden.

Verwende exakte Zahlen und du wirst deine Glaubwürdigkeit damit signifikant steigern. Schreib zum Beispiel:

- 118 Produkte,
- bereits im Jahr 1887 gegründet,
- 4.129 zufriedene Kunden,
- die letzten 19 Jahre stetig gewachsen,

- im letzten Jahr den Umsatz um 13,9% gesteigert,
- 14 neue Mitarbeiter eingestellt,
- die Quote von Wiederholungskunden liegt bei 72,3% etc.

Anders sein als Andere kommt dir nicht zugeflogen. Und du weißt, wie wichtig dein eigener Markenname ist. Er wird noch wichtiger werden, denn in Zukunft wird dich dein Interessent googeln und erfahren, was du bisher gemacht hast. Oh Schreck, er findet dich nicht im Netz? Okay, er findet nur deine Konkurrenz und dann weißt du ja, wer das Geschäft macht.

5. Was sagt dein Name deinem Gesprächspartner?

Hier kommt eine Frage, die mir von vielen Verkäufern so oder ähnlich gestellt wird: *„Werner, wie komme ich zu einem guten Namen in der Branche? Wie kriege ich einen eigenen Markennamen?"*

Hier kommen meine Erkenntnis, meine Definition und die richtige Antwort:

Im Verkauf kommt es nicht darauf an, wen du kennst.
Im Verkauf kommt es darauf an, wer dich kennt.

Die Herausforderung besteht heute nicht darin, dir einen Namen aufzubauen; es geht um die Erstellung der einzelnen Komponenten, die erst einen richtigen Markennamen für dich ausmachen.

Wie erreichst du mehr Anerkennung? Mehr Bekanntheit? Einen besseren und intensiven guten Ruf in deinem Markt und in deiner Branche? Das sind die Grundvoraussetzungen, die zu deinem guten Namen führe werden. Und damit das klar ist, es geht hier um dich als Person und es geht um dein Unternehmen.

Es gibt – wie so oft im Leben – keine einfachen Antworten. Und nur wenige Antworten beinhalten solche Worte wie Verpflichtung, gute Planung und Arbeit – harte Arbeit.

Die gute Nachricht: Der überwiegende Teil der Verkäufer ist nicht bereit, sich im Verkauf zu engagieren. Sie haben kein Interesse daran, hart zu arbeiten. Nur wenn sie hart arbeiten, wird ab einem gewissen Zeitpunkt der Verkauf viel einfacher für sie sein.

Dann gehören sie nicht mehr zu den Topp-20%-Verkäufern, sondern zu Spitzengruppe der Topp-5%-Verkäufer.

Hinweis: Was ist der Unterschied zwischen den Jammerlappen und den Gewinnern? Die Jammerlappen beschweren sich über alles und suchen die Schuld immer bei den anderen, sie haben für alles eine Ausrede. Zusätzlich haben sie Angst, ihren Job zu verlieren. Die Gewinner-Typen haben immer einen Plan, sie wissen exakt was zu tun ist, um zu gewinnen. Und sie haben für *alles* einen Plan. Zu welcher Gruppe gehörst du?

Besonders gute Nachricht: Wenn die gesamte Wirtschaft im Umbruch ist, ist es an dir, etwas zu verändern. Dazu sind neue Ideen gefragt.

Es gibt einige Punkte, die du unbedingt umsetzen solltest. Hier kommen einige Ideen, wie du dir einen guten Namen aufbauen kannst. Es sind keine Punkte für ein *„mach es jetzt und vergiss es"* sondern sind Punkte für „heute, morgen und übermorgen." Es sind die Punkte, die du in den nächsten 72 Stunden angehen solltest.

1. **Erstell deinen eigenen Newsletter mit werthaltigen Informationen für deine Kunden und Interessenten**. Schau dir dazu mein wöchentliches Magazin *„sales vitamins – frische Vitamine für besseres Verkaufen"* an. Das sollte dein Vorbild sein.

2. **Registriere deinen Namen mit einer eigenen Internet-adresse** (www.deinName.de). Das ist eine Investition von weniger als einen Euro. Dazu brauchst du nur auf die Seite von www.1und1.de gehen und mit wenigen Mausklicks hast du deine eigene Adresse.

Die ganze Welt ist heute vernetzt. Das Internet wird niemals irgendwann beendet sein. Du lebst im Informationszeitalter. Hier gebe ich dir die Adresse von Marcus Schink, der sich auf die Erstellung von Webseiten spezialisiert hat: www.schink-net.de. Marcus baut dir unter Wordpress schnell eine eigene Seite auf. Er weiß, wie das professionell gemacht wird. Außerdem bietet dir 1und1 bereits vorgefertigte Wordpress-Seiten an – leicht und einfach auszufüllen.

3. **Investier in einen eigenen Web-Auftritt.** Dein Webauftritt sollte so gestaltet sein, dass deine Leser sofort erkennen, wo ihr Nutzen liegt. Landschaftlich bunte Fotos sind nur dann sinnvoll, wenn du Landschafts-Fotograf bist. Starte zuerst nur mit einer Seite. Bring dort eine Liste mit 10 nutzenbringenden Punkten unter, die du derzeit anbietest. Später kannst du diese Seite erweitern mit Unterseiten etc.

4. **Zeig zu 100% Eigeninitiative.** Das heißt auf der einen Seite greifst du zum Telefon und rufst deine Interessenten an und zusätzlich erstellst du deine werthaltigen Informationen, die du dann an deine Interessenten verschickst. Pflege deinen Beziehungsaufbau und arbeite mit Referenzen.

5. **Schreib Fachartikel, die von deinen Kunden und Interessenten gerne gelesen werden.** Biete deine Fachartikel auch anderen Internet-Verteilern an und je mehr Informationen du von dir gibst, umso mehr wirst du als Experte anerkannt und umso mehr fließt wieder zurück zu dir.

6. **Erstell zusätzlich einen Blog für dich und zeig deine persönliche Seite.** Lass deine Leser daran teilhaben, wer du bist, welche Hobbys du hast und was dich besonders begeistert.

7. **YouTube.** Erstell einige Videos mit deinen Angeboten und lass andere daran teilhaben. Deine Kunden und Interessenten erkennen deine Philosophie vom Verkaufen. Das bringt dir wiederum neue Kunden. Sie werden dich interessanter finden als deine lausige Konkurrenz.

8. **Vernetz dich in deiner Gemeinde, im Sportclub etc.** Du hast auch hier die Möglichkeit, mehr Verantwortung zu übernehmen.

9. **Sei Google-abrufbar.** Wach endlich auf, Fritzchen! Dein künftiger Gesprächspartner wird dich googeln, sobald er einen Termin mit dir hat. So wie du ihn googelst, wird er dich googeln. Deine Webseite, dein Magazin, deine Fachartikel und deine Fachbücher tragen dazu bei, dass du im Ranking von Google immer weiter nach oben kommst.

10. **Sei ein NUTZEN-Bringer.** Tritt nicht als ein Verkäufer oder Bittsteller auf. Die Menschen werden nur bei dir kaufen, wenn sie den WERT erkannt haben und wenn du Kaufatmosphäre geschaffen hast. Erst dann werden sie deinen Namen nach draußen tragen.

Die Zeit wird dein Freund sein. Sei geduldig. Investier in die Zeit. Nutze sie zu deinem Vorteil. Um dir einen eigenen Namen aufzubauen, brauchst du nun mal Zeit. Viel Zeit. Und dazu gehört die Verpflichtung. Und dazu gehört Beharrlichkeit.

Dein Name bedeutet alles. Dein Name und dein guter Ruf im Markt sind miteinander verflochten. Diejenigen, die werthaltige Informationen zu ihren Kunden und Interessenten bringen, gewinnen kurz-, mittel- und langfristig.

Was sprechen die Menschen über dich? Sobald einer deinen Namen erwähnt, sagt er fünf wichtige Punkte über dich:

1. etwas Großartiges,
2. etwas Gutes,
3. Nichts,
4. etwas Schlechtes oder
5. sogar ganz viel Schlechtes.

Was immer sie sagen, es bestimmt dein Schicksal.

6. Warum die Menschen DICH kaufen

Was ist der wichtigste Punkt für dich, um im Verkauf erfolgreich zu sein? Ist es deine Schulbildung, deine Erfahrungen, dein gutes Produktwissen, deine Berufsbezeichnung, dein Vertriebsgebiet oder deine Geschäfts-Kleidung?

Ist es der gute Name deines Unternehmens im Markt, sind es die Produkte, die guten Preise, das bunte Werbematerial, die Lieferzeiten, der Aktienkurs, die großzügige Garantieregelung, die gut ausgebildeten Führungskräfte oder das Warenlager? Sind es deine Kunden- und Interessentenansprachen, der letzte Artikel in der Fachpresse oder der Bekanntheitsgrad der Marke?

Ist es die Investition in die neueste CRM-Software oder die neue social media Strategie? Ist es dein Uni-Diplom, deine ethischen Grundsätze im Verkauf, ist es das passende Bundesland, sind es deine bunten Visitenkarten oder sind es deine Verbindungen?

Du kannst noch eine Beratungsfirma engagieren, deine Liste wird noch länger, noch bunter und einige Punkte fasst du zusammen in einer PowerPoint-Präsentation und dann bist du reif für die Zirkusnummer.

Am Ende des Tages (vielleicht auch später) kommt die Erkenntnis: **NICHTS** davon zählt. Du erkennst, dass dein größter Wettbewerbsvorteil für deine erfolgreiche Vertriebsarbeit überhaupt nicht auf dieser Liste steht und auch nicht in irgendeiner Broschüre deines Unternehmens auftaucht.

Wenn du wissen willst, wie dein größter Wettbewerbsvorteil aussieht, dann schau doch einfach in den Spiegel. Erkennst du ihn? Das bist ja DU!

Zählen denn die anderen Punkte nicht? Doch, klar zählen sie auch, allerdings sind das nur die Eintrittskarten zu diesem Spiel. Wenn alle Dinge in der Welt gleich sind – und schau dir die Produkte und Dienstleistungen an, die derzeit auf dem Markt verfügbar sind – dann kaufen die Menschen DICH.

Deine Eigenschaft, eine langfristige partnerschaftliche Zusammenarbeit aufzubauen wird dazu führen, dass du mehr profitable Aufträge bekommst, schlafende Kunden erweckst, dein Einkommen sich vergrößert und du möglicherweise Führungsaufgaben in deinem derzeitigen Unternehmen angeboten bekommst. Das erreichst du nur mit den besonderen Eigenschaften, dass die Menschen dich sympathisch finden, dir vertrauen und DICH KAUFEN.

Folgst du meiner Philosophie, dass die Menschen DICH kaufen, wird dein Selbstvertrauen kontinuierlich steigen und du wirst auf einem höheren Level verkaufen. Du wirst verstehen, dass du als Vertriebler oder als Führungskraft im Vertrieb diese Stufe nur erreichen wirst, wenn du dein Schicksal in die eigene Hand nimmst. Du hängst nicht mehr an den alten Paradigmen.

Punkte, die für dich in der Vergangenheit wichtig waren, hast du zur Seite geschoben. Du weißt, was heute wirklich im Verkauf zählt – es geht darum wie du andere davon überzeugst, dass sie dich gerne haben, dir vertrauen und an dich glauben. Sobald du verstanden hast, dass die Menschen dich kaufen, so werden sich besondere Erfolge und Ergebnisse in kurzer Zeit einstellen.

7. Freunde kaufen von Freunde und andere überholte Mythen

Gerade im Verkauf und in der Geschäftswelt gibt es viele Glaubenssätze und Mythen über Beziehungsaufbau die wirklich übertrieben sind. Trainer, Verkaufsleiter, Vortragsredner und Autoren lieben diese Aussagen, da sie sich gut anhören und mittlerweile von vielen als wahr angesehen werden. Das was ich in diesem Buch beschreibe, bezieht sich alles auf die Realität.

Wer über dreißig Jahre im Verkauf ist, hat ins seinem Leben bereits viel erlebt. Das Wissen, meine konkreten Wort-für-Wort-Texte können von dir sofort im nächsten Verkaufsgespräch erfolgreich umgesetzt werden. Keine heiße Luft. Keine *„das hört sich toll an-Konzepte"*, die in der Realität sofort zerrissen werden. Bevor ich jetzt weitergehe, will ich über drei normale Mythen berichten, die überall im Geschäftsleben auftreten und die dich von deinem Erfolg abhalten.

Mythos #1: Freunde kaufen von Freunden

Ich war gerade 22 Jahre jung, als ich bei einem Unternehmen als ein Vertriebs-Repräsentant anheuerte. Es gab kein Festgehalt, es gab nur eine satte Provision pro Abschluss. Ich war jung, wissbegierig, hatte wenig Geld und saß nun mit den anderen Trainees im Konferenzraum und konnte es kaum erwarten, dass es los ging. Da ich schon immer davon träumte, meine Zeit und mein Einkommen selber zu bestimmen, hatte ich den Eindruck, dass ein Traumjob hier auf mich wartete.

Unser Trainer war ein Typ namens Wolfgang. Er war immer gut drauf und hatte für jeden ein offenes Ohr. Seine Aufgabe bestand darin, uns den Einkommensplan zu erläutern, uns zu motivieren und uns fit für den Verkauf zu machen. In den kommenden 30 Tagen würde der überwiegende Teil der hier Anwesenden frustriert sein über die vielen Ablehnungen und den Job hingeschmissen haben. Das erzählte uns Wolfgang natürlich nicht. Er sagte uns, dass dieses System eine reine Gelddruckmaschine sei und wir nur durchstarten müssten.

Kurz vor Ende des Trainings kam noch die Ankündigung, dass wir einen speziellen Gast erleben werden. Die Nummer 1 im Verkauf wurde angekündigt – ER (der absolute Verkaufs-Guru) werde seine Reise unterbrechen und uns in die Geheimnisse seines Erfolges einweisen. Es ging ein „AHA" durch die Reihen und alle legten Papier und Bleistift zurecht, um den Geheimnissen selber auf die Spur zu kommen.

Jürgen war ein kleiner, pummeliger Typ mit einem billigen grauen Anzug mit braunen Schuhen. Für mich als 22-jähriger machte er einen altertümlichen Eindruck. Er stand vor der Klasse, schaute uns einige lange Zeit schweigend an. Wir waren voller Bewunderung. Da stand er leibhaftig vor uns, der Typ, der alle Verkaufsrekorde gebrochen hatte. Wolfgang hatte uns angekündigt als DIE Klasse, die bisher einzige Klasse, die erfolgreich sein wird. Es sei gut, uns in dem Unternehmen zu haben auf dem Weg zum Erfolg – er sei überzeugt davon, dass wir alle einen erstklassigen Job machen werden.

Jürgens Gesicht nahm ernste Züge an und mit seiner sonoren Stimme sagte er: „Jungs (zu dem Zeitpunkt gab es noch keine Frauen im Verkauf), ich werde oft gefragt, warum ich so erfolgreich bin.

Ich spreche immer von zwei wichtigen Punkten: 1. Du musst hart arbeiten. Wenn du nicht hart arbeitest, wirst du kein Geld verdienen. Und 2. (da machte er eine längere Pause) *Freunde kaufen immer von Freunden."* Und das war alles. Jürgens Geheimnisse für den Verkauf waren harte Arbeit und der Verkauf an deine Freunde.

Am nächsten Tag entließ uns Wolfgang aus dem Training. Wir schauten in den Straßen nur noch nach Interessenten. Ich erinnerte mich an die Worte von Jürgen. Ich rief meine Freunde an, ich rief die Eltern meiner Freunde an und ich hatte ja gehört, dass jeder ungefähr 200 Freunde (?) hat und dass ein ungemein riesiges Potential vor mir liegen würde.

Vier Wochen später hatte ich keine Freunde mehr. Keiner von meinen Freunden war an meinen Produkten interessiert. Ich lernte das, was Immobilien- und Versicherungs-Makler, Banker und andere Verkäufer bereits wussten: nur *manchmal* kaufen Freunde bei Freunden. In den allermeisten Fällen kaufen deine Freunde immer woanders – nicht bei dir. Du kannst förmlich sehen, wie sie alle dich verlassen.

Jetzt kommen wieder einige Trainer-Gurus die dir sagen: *„Dann musst du nach draußen gehen und mehr Freunde gewinnen!"* Da habe ich eine große Neuigkeit für dich: neue Freunde zu finden, ist ganz schön anspruchsvoll. Das ist ineffizient und mein lieber Fritz, du kannst in deinem Leben auch nur mit einer bestimmten Zahl von Freunden kommunizieren.

Also kommen wir an dieser Stelle zu der Erkenntnis, dass deine Freunde dich gerne dabei unterstützen, deine Ziele zu erreichen. Der überwiegende Teil der Menschen, die mit dir in Geschäftsverbindung stehen, wollen einfach keine Geschäfte mit dir machen und wollen auch nicht deine Freunde werden.

Wenn du im Verkauf erfolgreich sein willst, dann solltest du die Menschen ansprechen, die nicht deine Freunde sind – und doch gerne bei dir kaufen.

Mythos #2: Die Menschen kaufen von Menschen, die sie mögen

Einige Jahre später saß ich wieder in einem Verkaufs-Training eines anderen Unternehmens. Sie hatten mich eingestellt als ein Vertriebsbeauftragter im Business-to-Business-Bereich. Und wieder stand der Trainer vor der Klasse und sagte: *„Denkt immer daran: Menschen kaufen von Menschen, die sie mögen."* Das habe ich damals sofort auf meine Karte geschrieben und diese Karte hing lange in meinem Büro an der PIN-Wand.

Einige Monate später rief mich ein Interessent an. Zu diesem hatte ich eine gute persönliche Beziehung aufgebaut und wir verstanden uns ganz gut. Mein Angebot lag ihm vor und nun erklärte er mir am Telefon, dass ich den Auftrag doch nicht bekommen werden. Er sagte wörtlich: *„Herr Hahn, Sie sind ein sympathischer Typ, wir haben Sie sehr gern und Sie haben einen wirklich guten Job mit Ihrer Präsentation gemacht. Wir haben uns allerdings entschieden, das Angebot Ihrer Konkurrenz anzunehmen."*

Ich war total geknickt. Alle Zeichen, die ich aus dem Unternehmen bekommen hatte, zeigten mir, dass ich den Auftrag bekommen würde. Sogar meinem Vertriebsleiter hatte ich in die Hand versprochen: der Auftrag war mir! In dem Telefonat mit dem Beinahe-Kunden stammelte ich zurück: *„Das verstehe ich nicht, ich dachte, dass ich Ihnen alles Informationen gegeben habe, die Sie interessieren."*

Er antwortete: *„Okay, einige Punkte haben Sie nicht aufgeführt und Ihr Mitbewerb hat ein besonderes Produkt angeboten. Wir sind der Meinung, dass es besser für unsere Anwendung ist. Wie ich schon erwähnte, wir finden Sie alle ganz nett und Ihre Präsentation war überragend. Sie haben alles richtig gemacht. Die anderen haben einfach eine bessere Lösung für unser Problem. Falls sich etwas ändern sollte, dann werden wir Sie sofort anrufen."*

Au weia! Aus die Maus! Wir hatten das gleiche Produkt und es stellte sich heraus, dass der Mitbewerb ein Problem entdeckt hatte, das ich nicht gefunden hatte. Ich habe noch mehrere Aufträge verloren und langsam reifte die Erkenntnis in meinem Kopf, dass Menschen doch nicht immer von Menschen kaufen, die sie mögen. Es wurde nun ganz einfach für mich:

Menschen kaufen von den Menschen, die ihr Problem lösen.

Mein Ansatz war gewesen, dass ich meinen Charme über den konkreten Inhalten angesiedelt hatte. Versteh mich bitte nicht falsch, manchmal funktioniert das ja auch. Deswegen empfehle ich dir, so weiter vorzugehen. Mein Problem war, dass es nur in einigen Fällen funktionierte und um mittelfristig erfolgreich zu sein, musste ich besser sein als der Durchschnitt.

Bedauerlicherweise setzen ja viele Verkäufer auf Charme, Ausstrahlung (Charisma) und ihre besondere Redegabe. Du hast sicher im Moment einige Personen auf dem Schirm. Einige Interessenten fallen ja drauf rein, aber der überwiegende Teil kauft nichts. Das sind denn die Verkäufer, denen die Aussage: *„Viel geredet – nichts verkauft"* anhängt.

Mein amerikanischer Trainerkollege bezeichnet diese Personen als die „flippers and flappers" – übersetzt heißt das soviel wie „umblättern und weiterlabern".

Wenn du deine Gesprächspartner dazu bringen willst, dass sie dich zuerst kaufen, dann ist das einfach nicht ausreichend. Dafür musst du noch mehr unternehmen. Mit meiner Philosophie:

Warum die Menschen dich kaufen

wirst du tiefer in eine partnerschaftliche und harmonische Beziehung zu deinen Kunden und Interessenten eintreten. Das öffnet dir die Tür, um Probleme zu lösen, Vertrauen aufzubauen mit einer langfristigen Partnerschaft. Es geht nicht mehr um Verkaufen oder Überzeugen, es geht um Beziehungen und Problemlösungen.

Die Wahrheit: Die Menschen kaufen nicht von Menschen, die sie nicht mögen.

Das muss ich an dieser Stelle auch ganz klar zum Ausdruck bringen. Wenn sie dich nicht mögen, dann werden sie nicht bei dir kaufen. Es sei denn, dass es dringend erforderlich ist und du der einzige Lieferant bist (zum Beispiel der Eisverkäufer am Ostsee-Strand bei Temperaturen um 30 Grad). Vor einiger Zeit hatte ich mit einer Trainingsteilnehmerin ein ausführliches Interview geführt. Sie gehörte zu den Topp-20%-Verkäuferinnen in ihrem Unternehmen und hatte eine besondere Faustregel. Wenn sie emotional mit ihrem Gesprächspartner nicht auf einer Wellenlänge liegt, nimmt sie Abstand vom Akquisegespräch und geht. Es hat für Sie überhaupt keinen Sinn, in eine solche Situation noch Zeit und Geld zu investieren. Dabei spielt es auch keine Rolle, dass in einigen Fällen die Produkte ideal für ihren Interessenten gewesen wären.

Mein Tipp an alle Führungskräfte und Inhaber: Schauen Sie sich ihr Geschäft intensiv an und denken Sie nach. Ihre Kunden kaufen Ihre Produkte und Dienstleistungen und kommen wieder und kaufen mehr, weil sie Ihre Mitarbeiter mögen. Jetzt wird es ganz einfach: Sobald ihre Kunden ihre Mitarbeiter nicht mehr mögen, werden Sie keine Aufträge mehr bekommen. Ihre Kunden werden sich am Markt umschauen und Verkäufer und Techniker finden, die ihnen das Gefühl geben, dass sie in diesem Kreis gut aufgehoben sind. Ihre Verkäufer, Marketing-Mitarbeiter, Ihre Techniker tun alles, um dem Kunden das Gefühl zu geben, dass er emotional gut aufgehoben ist. Wenn er Ihre Mitarbeiter nicht mag, werden Sie ihn als Kunden langfristig verlieren.

Mythos #3: Du musst dich selbst verkaufen

Viele von uns haben irgendwann im Laufe unserer Zeit von einem weisen Trainer oder Manager den Satz: *„Du musst dich selbst verkaufen"* mehrfach gehört.

- *„Wenn du den Job haben willst, musst du dich verkaufen!"*

- *„Der wahre Schlüssel im Verkauf ist der, dass du dich verkaufst."*

- *„Wenn du willst, dass andere so werden wie du, dann musst du dich verkaufen."*

Diese Philosophie ist weit verbreitet in unserer Kultur. Vor einiger Zeit war ich auf einer größeren Veranstaltung und habe vor Studenten einen Vortrag gehalten. Nach mir kam ein bekannter *„Motivationstrainer"* und als er in den Raum kam, ging ein Raunen durch die Reihen. Alle Teilnehmer saßen erwartungsfroh auf ihren Stühlen und was war seine außergewöhnliche Botschaft? Was war das Geheimnis dieses Motivationstrainers? *„Vergiss niemals in deinem Leben: zuerst verkaufst du dich!"* Das gesamt Auditorium nickte zustimmend.

Für diesen weisen Tschakka-Trainer und vielen anderen ist die Phrase *„sich selbst verkaufen"* zu einem immer wieder anwendbaren Klischee verkommen. Viele der Tagungsteilnehmer stimmten der Aussage bedeutungsschwer zu und taten so, als wenn jemand diese Weisheit auf dem Berg Sinai verkündet – in Stein gemeißelt wie bei den 10 Geboten vom alten Moses.

Du kennst ja mein Mantra:

„Wir lieben es zu kaufen, wir lassen uns ungern etwas verkaufen.
Schaff Kaufatmosphäre."

Mit anderen Worten heißt das doch, dass die Menschen zu ihren Bedingungen kaufen. Sie wünschen keine standardisierten Präsentationen oder eine unendliche Aufzählung von Merkmalen und Vorteilen, die sie sich in zwei Sekunden aus dem Internet holen können.

Nur – was passiert im Moment tausendfach auf dem Globus? Da sitzen Verkäufer beim Interessenten, pushen das Gespräch mit den Dollarzeichen in den Augen hin zum Abschluss – hardselling in reinster Form. Oder sie gehen auf entsprechende Netzwerk-Veranstaltungen, verteilen ihre Visitenkarten und verwickeln ihre Gesprächspartner gleich in ein Verkaufsgespräch.

Dieses System hat keinen Erfolg, weil die Menschen gerne kaufen, aber sie sich ungern etwas verkaufen lassen. Je stärker du im Verkaufsprozess drückst, um so schneller werden sie dich verlassen.

Redest du nur über dich, über deine Leistungen und was für ein toller Typ du bist, so wenden sie sich ganz schnell von dir ab. Als Interessent denkst du keine Sekunde darüber nach, dass du gerne ein Folgegespräch mit dieser Person haben möchtest. Eher sagst du zu dir: *„Was ein Schwachkopf"* oder *„Eine totale Nervensäge"* oder *„Au weia, der denkt ja nur an sich."*

Klar haben wir es gerne, wenn wir uns selbst verkaufen dürfen. Viele von uns - wenn wir Gelegenheit dazu haben - können stundenlang über uns und unsere Erfolge reden. Frage ich allerdings die Experten mit der Standardaussage *„sich zuerst selbst verkaufen"* was das denn genau bedeutet und wie das funktioniert, dann kommen leere Worthülsen. Da ist schon mal ein Tipp dabei, ansonsten ist das maßlos übertrieben. Du kannst dich nicht bei anderen *verkaufen* – deine Gesprächspartner *kaufen dich* zu ihren Bedingungen.

Selbst wenn du einen guten Namen in deiner Branche hast, kann dein *„sich selbst verkaufen"* nach hinten losgehen. Ich lernte diese Lektion auf einer Abendveranstaltung. Einer der Teilenehmer war ein Fan meiner roten Verkäuferkladde und auf seinen Wunsch hin bekam er einen Platz an meiner Seite.

Während des Essens stellte er mir Fragen und ich redete, redete und redete. Einige Tage später telefonierte ich mit dem Organisator und fragte auch nach, wie zufrieden mein Sitznachbar gewesen sei.

Er stutzte einen Moment und sagte dann: *„Ich will ehrlich zu dir sein, weil ich dich gut kenne. Dein Sitznachbar hat keine gute Meinung von dir, weil du nur von dir gesprochen hast."*

Ich habe verkauft, mein Sitznachbar hat nicht gekauft.

Die Menschen kaufen dich aus ihren Gründen, deine Gründe spielen für sie keine Rolle.

8. Was es heißt, besonders erfolgreich im Verkauf zu sein

Hast du dir schon einmal überlegt, warum manche Verkäufer so erfolgreich sind? Ich frage mich das permanent. Ich habe zu Beginn meiner Verkaufstätigkeit einen Menschen kennen gelernt, der war einfach Spitze in der telefonischen Akquisition. Den habe ich kopiert. Ich habe mir gesagt: *„Was der kann, kann ich auch."* Später haben ich den Satz erweitert: *„Was der kann, kann ich auch. Was der kann, kann ich besser."* Und so habe ich immer geschaut, was die Erfolgreichen erfolgreich macht und habe das kopiert.

Ich habe auch festgestellt, dass sie einiges anders machen. Sie gehen die Extra-Meile, um erfolgreich zu sein. Sie engagieren sich besonders. Hier kommen wieder einige Profi-Tipps, die sich lohnen, direkt umgesetzt zu werden.

Profis haben klar aufgeschriebene Ziele. Es geht hier nicht um das Schreiben, es sind die speziellen Ziele, die notiert werden und schriftlich geankert sind. Nur das garantiert die Umsetzung.

Als ich vor einigen Tagen ein Verkaufstraining durchführte, sagte mir eine Teilnehmerin, dass es für sie nicht erforderlich ist, die Ziele aufzuschreiben, da sie ja bei ihr im Kopf seien.

Ich habe sie gefragt, wie viele Ziele sie im Kopf hat. Sie wusste nicht die genaue Zahl. Nur aufgeschriebene Ziele tragen zu deinem Erfolg bei. Mach das für deine persönlichen und für deine geschäftlichen Ziele und dein Leben wird sich schlagartig verbessern. Es wird sich zum Positiven verändern.

Erfolgreiche Verkäufer schreiben ihre Ziele-Liste mit Begeisterung fort. Sobald diese Ziele gesetzt sind, denken die Menschen: *„Ja, das erreiche ich."* Und sie denken nicht mehr: *„Das erreiche ich nicht."* Der Unterschied ist das kleine Wort *„nicht".* *„Nicht"* ist eine negative Einstellung. Deswegen:

Positive Gedanken bringen positive Gefühle.

Positive Gefühle bringen positives Handeln.

Begeisterte Verkäufer erfreuen sich auf den Weg zum Ziel. Beim New York Marathon 1994 bog der deutsche Läufer einen Kilometer vor dem Ziel falsch ab – das kostete ihn 40 Meter und 12 Sekunden der Zeit.

Was war seine Einstellung zu diesem Fehler? Er sagte: *„Solange du die Ziellinie noch nicht überschritten hast, verbleiben dir immer noch mehrere Möglichkeiten."* Er hat das Rennen doch noch gewonnen vor Benjamin Paredes – mit einem Vorsprung von zwei Sekunden. Das war das knappste Finish in der bisherigen Geschichte.

Erfolgreiche Verkäufer streben danach, anders zu sein. Wenn wir während meines Trainings über das Unternehmen, seine Produkte und Dienstleistungen und seine Unterschiede im Personal sprechen, dann frage ich die Teilnehmer: *„Was unterscheidet euch vom Mitbewerb?".*

Der überwiegende Teil bringt nur leere Worthülsen wie Erfahrung, Kenntnisse, Ehrlichkeit, Integrität, Folgegeschäft etc. Weil viele von uns mehr Erfahrung wünschen, wie Kenntnisse gesteigert werden, eine wirkliche Ehrlichkeit an den Tag legen, die Integrität vervollständigen und im Folgegeschäft gut sind – das bringt uns doch nicht den Unterschied.

Erkennt dein Kunde nicht die Unterschiede, werden alle gleich behandelt. Und dann geht es am Ende nur noch im eins: den Preis!

Hier kommt ein Beispiel von einem Verkäufer, der Bestecke an Fachgeschäfte verkauft. Bei seinen Besuchen finden oft zusätzliche Trainingsstunden statt, in denen er die Mitarbeiter trainiert. Und das zu Zeiten, wenn das Geschäft noch geschlossen ist, also vor Öffnung!

Das ist noch nichts außergewöhnliches, oder? Falsch! Einmal im Jahr lädt er alle Mitarbeiter zu einem Abendessen ein. Und dieses Abendessen ist ausgestattet mit allen Produkten, die der Verkäufer vermarktet.

Erinnerst du dich? Wenn du anders sein willst als andere, dann unterscheide dich. Wie unterscheidest du dich von deiner Konkurrenz?

Erfolgreiche Verkäufer haben eine positive *JA!-Einstellung* – sie erwarten immer das Beste. Das ist einfach gesagt und schwer zu erreichen. Erfolgreiche Menschen sind nicht unabhängig vom wechselnden Tagesgeschäft mit den positiven und negativen Nachrichten.

Kommen Verkäufer in eine negative Stimmung, dann heißt es „Umschalten" – jeder bestimmt doch für sich, welche Form der Gedanken er zulässt. Als erfolgreicher Verkäufer konzentriere ich mich lieber darauf, die Probleme meiner Kunden und Interessenten zu lösen.

Wenn ich es mit einem Wort titulieren kann, dann ist es „Showtime.“ Sobald erfolgreiche Verkäufer ein Verkaufsgespräch führen – egal ob vor Ort oder am Telefon – der Schalter steht auf „ON.“ Sie führen das Gespräch und gehen dabei in die Tiefe. Sie sind immer engagiert.

Erfolgreiche Verkäufer sehen sich eher als lebenslange Studenten im Vertrieb denn als ausgelernte Vertriebs-Profis. Du wirst selten von ihnen des Satz hören: „Ich mache das immer so und so...!“ Die einfache Wahrheit ist, dass sie immer wieder verändern, ein Fein-Tuning durchführen und ihre Methoden dem veränderten Gelegenheiten anpassen.

Topp-20%-Verkäufer wissen, dass sie nur erfolgreich sein werden, wenn sie Veränderungen durchführen. Die Veränderungen sind punktuell und individuell. Einige lesen Fachzeitschriften oder andere kaufen und lesen Bücher. Kaufen und Lesen sind gleichbedeutend.

Untersuchungen zeigen, dass gekaufte Bücher auch nur in Einzelfällen gelesen werden. Manche Menschen fühlen sich einfach dabei besser, wenn sie die Bücher im Bücherschrank stehen haben, Wissen wird aber nicht übertragen, in dem es nur in meinem Schrank steht. Ich muss schon das Buch in Hand nehmen und LESEN. Frage ich in meinen Trainings die Teilnehmer: „Wann haben Sie das letzte Fachbuch über VERKAUFEN gelesen?“ dann heben sich bei 10 Teilnehmern maximal 2 Hände mit dem Hinweis: „Ist schon einige Zeit her.“ Ist doch traurig, oder?

Topp-20%-Verkäufer haben immer spezielle Folder mit den einzelnen Themen dabei: Verhandlungsführung, Zeitplanung, Verkaufsplanung, Kommunikation, Zuhören und Hinhören, Organisation der eigenen Arbeit, Präsentationstechniken, Akquirieren und qualifizieren, Telefonakquise, Vorteile und Nutzen, Fragetechniken, Abschlussfragen, Folgegeschäfte, Referenzen und Empfehlungen etc.

Sobald diese erfolgreichen Verkäufer einen interessanten Artikel gelesen haben, wird dieser archiviert, um später wieder darauf zurück zu kommen.

Du kennst ja mein Mantra:

Verkaufen ist einfach – erfolgreich Verkaufen ist harte Arbeit.
Nur wenn du durch diese harte Schule gegangen bist, wird danach das Verkaufen für dich sehr einfach sein.

Mit deinem persönlichen Wachstum wirst du alles erreichen, was du dir wünschst. Ohne dem wirst du nur das bekommen, was du verdienst.

9. Wie Gewinner gewinnen

Hast du dir schon einmal Gedanken über die Siege in den verschiedenen Sportarten gemacht?

Ich denke an die Formel 1 Rennen, an die Olympiade, an manche Pferderennen – da gibt es nur einen hauchdünnen Vorsprung von Platz 1 zu Platz 2. Das kann bei der Olympiade ein Unterschied von 0,1 Sekunde sein, wie beim Bootsrennen im Deutschland-Achter.

Welche besonderen Anstrengungen musst du tun, um besser zu sein als deine Konkurrenz?

Nimm nicht an, dass deine Konkurrenz viel besser ist als du.

Nimm nicht an, dass du viel besser sein musst als deine Konkurrenz, um Aufträge zu gewinnen.

Du solltest nur in einigen Bereichen ein wenig besser sein als deine Konkurrenz.

Kleine Mosaiksteine setzen sich zu einem Gesamtbild zusammen. Je mehr du tust umso mehr werden sie dich engagieren.

Gewinner haben immer einen Plan
Verlierer immer eine Entschuldigung.

Gewinner lieben es, zu gewinnen. Du kannst auch sagen: *„Gewinner hassen es, zu verlieren!"* Welcher von den beiden ist der größere Motivator? Das ist abhängig von der Person. Ich glaube, dass das „gewinnen" ein größerer und positiver Motivator für die Topp-20%-Verkäufer ist.

Topp20%-Verkäufer lassen sich nicht einordnen. Sie schwimmen nicht in der Masse. Tatsache ist: sie rocken das Boot. Sie konzentrieren sich nicht auf das Gewöhnliche. Sie konzentrieren sich auf das Außergewöhnliche.

Hier kommt eine Liste was Gewinner tun, um zu gewinnen:

- Sie wissen genau, was sie wollen – sie erwarten es bereits.
- Sie vereinbaren es mit sich – es bekommt eine hohe Priorität.
- Es wird zu einer Gewohnheit – eine tägliche Gewohnheit.
- Sie bauen diese Gepflogenheit permanent aus – das ist der Schlüssel.
- Sie wissen, dass eine besondere Anstrengung den 1. Platz bedeuten kann. Deswegen geben sie nie auf.
- Sie wissen, dass das Gewinnen nicht das Ziel ist – sie setzen sich immer wieder neue Ziele.
- Sie wissen, wie sie sich wieder hochrappeln, wenn sie mal am Boden liegen – sie springen wieder hoch.
- Sie wissen, dass harte Arbeit den Erfolg bringt – deswegen gehen sie mit ihrer Zeit sehr sorgfältig um.

Es gibt keine Geheimnisse bei den Gewinnern. Das kannst du jeden Gewinner-Typen fragen. Das Geheimnis liegt rund um das Gewinnen.

Glaub nicht, dass du ein Gewinner-Typ bist, wenn du das Gewinner-Potential schon in dir fühlst. Manche nehmen den Satz: *„Er hatte sein Leben lang ein permanentes Gewinner-Potential"* mit ins Grab.

Um ein Gewinner zu sein, musst du nur gewinnen, wieder gewinnen, noch mal gewinnen, erneut gewinnen und immer wieder gewinnen.

Willkommen im Gewinner-Kreis!

10. Wie vermeidest du, dass dein Verkaufsgespräch in einem Abenteuer endet?

Abgesehen von den Abschlusstechniken fürchten sich viele Verkäufer davor, sich abgedroschen anzuhören.

Verkäufer gehen ihren Weg und wollen sich nicht anhören wie jeder andere Verkäufer auch. Dies ist insofern ein wichtiger Punkt, da er damit zusammenhängt, wie sich Verkäufer auf das Gespräch vorbereiten.

Hier kommt eine Liste der Punkte, die du zu jedem Gespräch bereithalten solltest:

- Bereite dich auf die Einwände vor
- Bereite dich auf deinen Gesprächseinstieg vor
- Bereite dich auf deine qualifizierenden Fragen vor
- Bereite dich auf deine Vorteil-/Nutzenargumentation vor
- Bereite deine Antworten auf die Einwände vor

Lass mich erklären, was ich unter „*vorbereiten*" verstehe. Vorbereiten heißt für mich, dass ich darüber nachdenke und aufschreibe (!!) was passiert, wenn ich direkt beim Interessenten sitze.

Einige Trainingsprogramme sagen ja auch dem Verkäufer, was er konkret in solchen Situationen sagen soll. Ich gehöre ja auch dazu, da viele Verkäufer sprachlich schlecht ausgebildet sind und von einer zielorientierten und positiven Sprache noch weit entfernt sind.

Hinzu kommt, dass viele bei meiner direkten Sprache sagen: *„Das sage ich nicht!"* Haben sie aber erst einmal von einigen Gesprächspartner gehört: *„Oh, das hört sich aber gut an – das hat ja noch nie einer zu mir gesagt!"* dann sind sie sofort bereit, diese neuen Sätze zu akzeptieren.

Nur wenige Verkäufer bereiten sich auf die Gespräche vor. Sie stehen vor dem Gesprächspartner und überlegen, was sie jetzt alles sagen könnten. Nur: in einer solchen Situation wird improvisiert, negativ gesprochen mit vielen Weichmachern. Klar, dass sich diese Personen abgedroschen anhören und das eine gute Gelegenheit für den Partner ist, sich aus dem Gespräch zu verabschieden.

Nur wenn du dich intensiv auf das Gespräch vorbereitest, hörst du dich einzigartig, ja typisch DU an. Machst du es anders, schwingt immer das Abenteuer mit. Und ein Abenteuer kann ja viel Spaß bereiten oder erlebst du gerne deine Abenteuer beim Arzt oder Zahnarzt oder auf Flug Ryanair 4711?

Kunden und Interessenten werden ungeduldig und bringen den Preis ins Spiel, wenn der Verkäufer schlecht vorbereitet ist.

Erinnere dich daran:

- Vorbereitet sein heißt nicht sich abgedroschen anzuhören
- Gute Vorbereitung merken deine Kunden sehr schnell
- Gute Vorbereitung heißt auch Vertrauensaufbau
- Gute Vorbereitung heißt auch persönlicher Kontaktaufbau
- Gute Vorbereitung vermeidet eine armselige Präsentation.

Ein Verkaufsgespräch – egal ob am Telefon oder direkt vor Ort – sollte niemals ein Abenteuer sein. Wenn du deine gute Vorbereitung noch kombinierst mit deiner Persönlichkeit, dann führt das zu Professionalität und deine Aufträge schießen durch die Decke.

Deine Gesprächspartner erkennen ganz genau, wann der Verkäufer anfängt zu improvisieren. Nur du hast die Chance, deine Verkaufsgespräche zu professionalisieren oder du machst weiter wie bisher.

Deine Kunden und Interessenten werden den Unterschied erkennen und du wirst dafür bezahlen. Entweder gibt es mehr auf deinem Konto oder deine Personalgespräche mit deinem Vorgesetzten werden intensiver.

11. Schalte zuerst deine Ohren auf Empfang und öffne dann dein Mundwerk

Wie gut ist deine Verkaufs-Präsentation? Glaubst selber, dass deine Präsentation gut ist? Eine Präsentation machst du ja immer wieder, sicher bei jedem Interessentengespräch. Sie verändert sich nicht von Interessent zu Interessent. Das nenne ich dann einen „Pitch." Der Begriff Pitch kommt aus der Werbebranche und ist eine Agenturpräsentation, wo Agenturen im Wettbewerb gegeneinander antreten.

Topp-20%-Verkäufer „*standardisieren*" nicht. Sie präsentieren individuelle Präsentationen – speziell zugeschnitten auf jedes Unternehmen und seinen Gesprächspartnern.

Um eine unternehmensspezifische Präsentation zu machen, musst du wissen, was die Probleme im Unternehmen sind. An diese Informationen kommst du nur, wenn du aktiv deinem Gesprächspartner zuhörst und Verständnisfragen stellst. Hier kommen vier Wege, wie du deine Kompetenz des Zuhörens intensivieren kannst:

Variante #1: Stell Fragen. Der allerbeste Weg um die Probleme des Gesprächspartner zu ergründen, liegt in den Fragen, die du stellst. Gute Fragen sind immer offene Fragen. Das führt dazu, dass sich dein Gesprächspartner mehr öffnet und dir weitere Hintergrund-informationen gibt. Du wirst deinen Erfolg noch steigern, sobald du die speziellen Anforderungen deines Interessenten kennst und die passenden Produkte anbietest.

Je mehr deine Produkte und Dienstleistungen den Anforderungen entsprechen, um so mehr wirst du verkaufen.

Mit unseren Worten bringen wir unsere Gedanken zum Ausdruck. So wie unsere Gesprächspartner die Worte dazu einsetzen, die Probleme zu beschreiben, so bieten wir mit unseren Worten die passenden Lösungen an. Der Hauptfaktor hier sind die Worte, die Basis der verbalen Kommunikation.

Bei einem „Pitch" werden immer wieder die gleichen Worte verwendet. Eine individuelle Präsentation erfordert immer wieder neue und andere Worte, um die speziellen Anforderungen zu beschreiben. Diesen Punkt will ich noch erweitern:

Wenn ich Kunde bin, definiere ich den Begriff Service wie folgt: *„Zeitnah, jederzeit und du kümmerst dich umgehend, sobald etwas passiert."* Fragst du einen Interessenten nach seinen Prioritäten, dann kann es sein, dass Service seine allerhöchste Priorität hat.

Wenn du jetzt nicht nachfragst, wie *„Service"* definiert wird, dann wirst du deine eigenen Worte einsetzen und die Frage ist, ob du dann die Anforderung des Interessenten exakt triffst oder ob es dein Konkurrent treffender formuliert.

Nehmen wir an, du hinterfragst den *„Service"* und dein Gesprächspartner antwortet: *„Service ist was ich wünsche, wann ich es wünsche und wie ich es geliefert haben möchte."*

Wie willst du jetzt die Service-Elemente für dein Produkt beschreiben? Wendest du deine Standards vom „Pitch" an, wirst du auch nur deine Standards vortragen.

Sag deinen Gesprächspartnern, was sie exakt hören wollen.

Variante #2: Mach dir Notizen. Der Verkaufsprofi hört zu und macht parallel dazu seine Notizen. Er hört zu. Er macht sich Notizen. Er übernimmt die Aussagen seines Gesprächspartners. Er baut eine Beziehung zu ihm auf, sobald er die Schlüsselworte verwendet.
Deine Interessenten sind immer ganz begeistert, wenn du dir Notizen machst. Sie haben dann das Gefühl, dass sie etwas ganz wichtiges gesagt haben – so wichtig, dass du es notierst. Glaub mir – Notizen zu machen ist eine großartige Idee, die bestens funktioniert.

Variante #3: Lass dir Zeit mit der Antwort. Viele Verkäufer sind permanent damit beschäftigt darüber nachzudenken, was sie als nächste sagen wollen. Das führt dazu, dass sie nicht richtig zuhören.

Stellt der Kunde eine Frage, dann kommt die Antwort wie aus der Pistole geschossen. Was glaubst du, welche Gefühle dein Gesprächspartner in dem Moment hat? Dass du seine Ausführungen sorgsam abwägst oder vorgefertigte Sätze präsentierst?

Bei jeder Frage solltest du eine Pause von drei bis fünf Sekunden machen, ehe du mit der Antwort startest. Zwei Dinge passieren jetzt. Zuerst wird deine Antwort einen professionelleren Eindruck hinterlassen. Zweitens schickst du die richtige Botschaft an deinen Gesprächspartner, wenn du zuerst denkst und dann sprichst.

Variante #4: Bring Zitate in deinen Ausführungen. Hierzu ein Beispiel. Ich war mit den Vorbereitungen beschäftigt, auf einem Kongress für Zahnärzte einen Vortrag zu halten.

Sitzt du bei einem Zahnarzt und er macht einen Abdruck von deinen Zähnen, dann wird heute diese Information direkt an den Zahntechniker geschickt und er startet mit seinen Arbeiten. Vor meinem Präsentationstermin war ich noch beim Zahnarzt und bekam eine neue Krone. In dem Zusammenhang fragte ich ihn auch: *„Was sind Ihre Prioritäten in Ihrer Zahnarztpraxis?"* Er schaute mich grinsend an und sagte nach drei Sekunden: *„Meine wichtigste Priorität ist außergewöhnliche Zahnheilkunde."*

Vier Wochen später auf der Tagung saßen ca. 180 Zahnärzte im Konferenzraum und ich erzählte die Geschichte von meinem Zahnarzt. Ich fragte die Teilnehmer: *„Was glauben Sie wohl, hat der Zahnarzt auf meine Frage: ‚Was sind Ihre Prioritäten für die Praxis?' geantwortet? Schreiben Sie die Antwort bitte auf ein Blatt Papier."* Und das taten denn auch alle.

Nach dreißig Sekunden fragte ich die Teilnehmer, was sie denn so notiert hätten. Es gab unterschiedliche Antworten und einer sagte: *„Patientenpflege."* Viele stimmten dieser Aussage zu.

Über 60% der Teilnehmer stimmten der Aussage zu und alle glaubten, dass dies die richtige Antwort sei. Und dann sagte ich folgendes: *„Die korrekte Antwort auf meine Frage ist dies: Sie können es nur dann wissen, sobald sie seine Antwort gehört haben."*

Keiner der Teilnehmer konnte die korrekte Antwort wissen, es ist ja auch keiner von den Teilnehmern dabei gewesen und hat die Antwort gehört. Sie haben nur Annahmen getroffen. *„Zuhören"* ist ja auch kein Rätselraten. Mein Zahnarzt sagte nicht *„Patientenpflege"* sondern sprach von *„außergewöhnlicher Zahnheilkunde."*

Mir war klar, dass ich keine Ahnung hatte, was er mit *„außerge-wöhnliche Zahnheilkunde"* meinte. Ich habe ihn beim nächsten Behandlungstermin gefragt, da er zu dem Zeitpunkt nicht mehr gebohrt hatte und die Stimmung entspannter war. Glaubst du, dass ich noch zusätzlich etwas gelernt habe? Das verspreche ich dir, dass es sich gelohnt hatte, nachzufragen.

Notizen zu machen ist einfach erforderlich. Garnier deine Notizen noch mit ganz konkreten Aussagen und das führt zu einem weiteren Vertrauensaufbau.

Denk daran: zuerst die Ohren auf Empfang stellen und manchmal zwischendurch eine offene Frage stellen. Hörst du genau zu was sie sagen, werden sie bei dir kaufen, öfter bei dir kaufen und immer mehr bei dir kaufen.

Das ist der optimale Gesprächsanteil:

- 80% der Zeit spricht der Kunde
- 20% der Zeit fragt der Verkäufer.

12. Die besten Fragen, die du deinem Gesprächspartner stellen solltest

Willst du wirklich gute Fragen stellen, dann solltest du drei Punkte erledigen. Zuerst musst du die Fragen entwickeln, dann die Fragen aufschreiben und drittens die Fragen im nächsten Gespräch auch stellen.

Die folgende Frage ist mein Favorit. Sie entstammt meinem Buch *222 Fragen, die Topp-20%-Verkäufer stellen*. Diese Fragen habe ich viele Jahre ausgetestet und feingetunt und da sie bei mir funktionieren, werden sie auch bei dir funktionieren.

Meine erste Frage (gelernt 1984 im Verkaufstraining der Nixdorf Computer AG), die ich meinem Gesprächspartner am Telefon stelle, lautet: *„Ist es okay für Sie, wenn ich direkt auf den Punkt komme?"* Oder: *Darf ich direkt auf den Punkt kommen?"* Das sage ich, nach dem ich mich mit einem Satz vorgestellt habe und mit diesem Satz hole ich mir sein emotionales *„Ja"* ab. Und die erste Antwort ist im Regelfall immer *„Ja, gerne, legen Sie los!"* Und damit habe ich den Einwand *„Keine Zeit"* sofort im Ansatz eliminiert.

Bin ich vor Ort bei einem qualifizierten Gesprächspartner, so beginne ich mit der Frage: *„Herr Müller, mit meinen Trainings erreichen die Verkäufer mehr Termine und mehr Aufträge – wie interessant ist das für Sie?"* Diese Frage ist aufschlussreich und furchterregend. Du wirst Dinge hören, die du dir in deinen kühnsten Träumen nicht vorstellen wirst. Das ist das Besondere an dieser Frage.

Stell diese Frage und lehn dich entspannt zurück und hör aufmerksam zu. Diese Frage fördert die persönlichen und kritischen Messvarianten zu Tage, die deine Produkte und Dienstleistungen betreffen.

Wie entspannt ist es doch, diese Antworten zu hören, bevor du mit der Präsentation beginnst, oder?

Es gibt doch so viele Gründe, wirklich gute Fragen zu stellen und nur einen Grund, solche Fragen nicht zu stellen. Diese Fragen wirst du nicht stellen, wenn du unter Zeitdruck schnell einen Auftrag machen willst.

Hier geht es nicht um den schnellen Abschluss. Hier geht es um Beziehungsaufbau, Vertrauen und das Lösen von Problemen.

Hier geht es darum, den Interessenten/Kunden dabei zu unterstützten, eine gute Entscheidung zu treffen.

Hier geht es darum, dass der Verkäufer seine Hausaufgaben gemacht hat, bevor er mit dem Verkauf startet.

Hier geht es darum, dass du als Verkäufer in der Lage bist, eine Präsentation - zugeschnitten auf die Wünsche und Bedürfnisse des Gesprächspartners - zu halten. Stellst du die richtigen Fragen, wirst du die passenden Antworten erhalten und du bist in einer glücklichen Lage, die individuelle Präsentation zu halten.

Gute Fragen intensivieren deine Verkaufsaussagen. Je mehr du lernst, umso mehr verkaufst du. Fragen sind ein schneller Weg, deinen Verkauf zu steigern.

Und gute Fragen sind wie eine glimmende Glut – sie halten lange an.
Hier gebe ich dir eine Liste von wirklich guten Fragen:

#1: Die drei Schlüsselfragen

Es sind 3 Fragen, die im Vorfeld eines Verkaufs- oder Kunden-gesprächs darüber entscheiden, ob du am Ende erfolgreich bist – oder nicht. Stell dir diese Fragen unbedingt VOR jedem anstehenden Gespräch:

Frage #1: *„Welches Gesprächsziel habe ich?"*
Frage #2: *„Welche Nutzen-Argumente werde ich präsentieren?"*
Frage #3: *„Wie werde ich auf Kundenbedenken und Einwände reagieren?"*

Und dann frag dich – ebenfalls VOR dem Gespräch:
„Kann ich diese Fragestellungen ad hoc beantworten?"
"Sind meine Antworten wirklich überzeugend?"

Nur wenn du mit gutem Gewissen "Ja" sagen kannst, startest du von einer guten Ausgangsposition! Denk immer daran:
Schlechte Verkäufer lieben die Improvisation.
Top-Verkäufer dagegen hassen es, unter Druck zu geraten und ergebnislose Gespräche zu führen.
Genau das macht den entscheidenden Unterschied!

#2: Fragen im Gespräch mit Neukunden

„Was ist in Ihrem Geschäft das brennendste Problem?"
„Worauf legen Sie bei Ihrer Lieferantenauswahl denn den größten Wert?"
„Was ist denn auf der Prioritätenliste der wichtigste Punkt?"
„Wenn Sie an uns denken, was kommt Ihnen dann als erstes in den Sinn?"

„Welchen Teil unseres Angebotes finden Sie zu teuer?"

„Was ist bei einer Entscheidung denn für Sie das vorrangigste Kriterium?"

#3: Fragen im Gespräch mit Bestandskunden

„Was ist für Sie der wichtigste Grund, bei uns zu kaufen?"

„Was wäre für Sie das vorrangigste, das wir schnellstmöglich ändern oder verbessern sollten?"

„ Auf was könnten Sie bei uns am wenigsten verzichten?"

„ Wenn es eine Sache gibt, die Sie bei uns in der Vergangenheit ganz besonders gestört hat, was war da das Störende für Sie?"

„Wenn es eine Sache gibt, für die Sie uns garantiert weiterempfehlen können, was wäre da das empfehlenswerteste für Sie?"

Zugegeben, es erfordert hier und da ein wenig Mut, solche Fragen zu stellen. Doch der Lerngewinn ist gewaltig. Welche Antwort auch immer Sie erhalten: Hören Sie wohlwollend hin, bedanken Sie sich und wertschätzen Sie die Offenheit Ihres Gesprächspartners. Denn Sie erfahren etwas über Ihre kaufentscheidenden Pluspunkte oder über Ihre größten Schwachstellen – aus Sicht des Kunden betrachtet, und das allein zählt.

> Ob ein Mensch klug ist,
> erkennt man an seinen Antworten.
> Ob ein Mensch weise ist,
> erkennt man an seinen Fragen.
>
> Nagib Mahfuz, ägypt. Schriftsteller

13. Zwei Worte, die deinen Nutzen ganz klar darstellen

Wissen die Verkäufer, dass Kunden nie Produkteigenschaften oder Produktvorteile kaufen, sondern immer den Nutzen? Weil viele Verkäufer das nicht wissen, präsentieren sie entweder die Vorteile oder die Eigenschaften und wundern sich über die Ergebnisse oder sie vermischen die Vorteile mit dem Nutzen. Klar ist, dass fast 90% aller Kunden sich erst dann für einen Kauf entscheiden, sobald der Nutzen erklärt wurde.

Eine Produkteigenschaft ist immer ein Fakt. Bezogen auf ein Produkt sind das die physikalischen Eigenschaften wie Farbe, Größe, Umfang, Form und andere Spezifikationen. Eigenschaften und Vorteile sind immer Fakten und sie werden auf der linken Gehirnhälfte entschieden.

Nutzen ist immer die Antwort auf die Frage: *„Was bringt mir das?"* Dieser Nutzen betrifft diesmal die rechte Gehirnhälfte, da wo die Emotionen sitzen. Und hier geht es ja darum, was es dem Interessenten letztlich bringt, wenn er unsere Produkte einsetzt. Was hat er davon?

> Ein Kunde kauft nie ein Produkt, sondern immer die damit verbundene Bedürfnisbefriedigung. Er kauft Träume, Wünsche, gute Gefühle, Erfüllung seiner Sehnsüchte, Problemlösungen, sichtbaren Erfolg im Business, ein Vertrauensverhältnis ohne Enttäuschungsgefahr, Lebensqualität und Seelenfrieden.

Der überwiegende Teil der Verkäufer rattert die Eigenschaften der Produkte runter. Sie bringen Statistiken, Erfahrungswerte von anderen Unternehmen und erläutern bestimmte Produktdetails bis zur letzten Schraube.

Worin sie weniger gut sind, das betrifft im Entscheidungsprozess die rechte Gehirnhälfte. Wir alle treffen unsere Entscheidungen zu 90% auf emotionaler Basis und liefern die Fakten nach, um die Entscheidung rational zu begründen (Nachrationalisieren).

Diese Vorgehensweise hängt mit verschiedenen Faktoren zusammen. Zuerst starten viele Verkäufer mit der Präsentation der Eigenschaften und um schnell zum Abschluss zu kommen, wird der Nutzen erst gar nicht aufgeführt.

Zweitens findest du in der Literatur und auch in vielen Anzeigen nur die Eigenschaften aufgelistet. Zusätzlich – und das ist einer der Hauptgründe – werden nur die Eigenschaften dargestellt, weil der Verkäufer unterstellt, dass der Gesprächspartner den Nutzen schon selber erkennt.

Deswegen kann auch keiner überrascht sein, wenn der Nutzen nicht vermittelt wird und der Kunde den Wert nicht erkennt und anschließend das Gespräch endet mit der Aussage: *„Das ist zu teuer!"* Preis und Wert stehen in einer Relation zueinander. Je weniger Wert du auf den Nutzen legst, umso mehr steht der Preis im Vordergrund.

Die Eigenschaften deines Produktes kannst du vergleichen mit einem Salat. Was diesen Salat erst ausmacht, ist das Dressing. Das Dressing für jede Verkaufspräsentation ist die werthaltige Nutzenargumentation.

Eigenschaften und Vorteile werden vorgetragen. Nutzen muss moduliert werden. Jeder Nutzen sollte in den emotionalen Bereich des Gesprächspartners abgelegt werden.

Um dir dieses Thema noch näher zu bringen, stell dir einfach einen Fluss vor mit einer Brücke. Die eine Seite der Brücke sind die Eigenschaften und Vorteile und auf der anderen Seite ist der Nutzen angesiedelt. Um zu dem Nutzen zu kommen, brauchst du eine Überleitung.

Die zwei besten Worte für diese Überleitung in den Nutzen sind: *„Das bedeutet...!"* Diese zwei Worte, *„**Das bedeutet**"* stellt den Nutzen expliziert heraus und erscheint dem Gesprächspartner wie ein flackerndes Neonlicht.

„Das bedeutet..." ist die normale Überleitung von den Eigenschaften/Vorteilen hin zum Nutzen. Es gibt auch noch einige weitere „Brückenworte", allerdings sind das schon drei Worte:

„Sie profitieren davon ....."
„Sie erzielen damit..."
„Sie gewinnen dadurch..."
„Sie erweitern dadurch..."
„Sie sichern damit..."

Eine genaue Erklärung sowie die zusätzliche Nutzenargumentation sind ein einfacher Weg, um einen profitablen Abschluss zu erzielen.

Das ist auch so zu erklären:

- Die Menschen kaufen keine Zeitung. Sie kaufen Neuigkeiten.
- Die Menschen kaufen keinen Anzug. Sie kaufen gutes Aussehen und Wohlgefühl.
- Die Menschen kaufen kein Auto. Sie kaufen Mobilität in Verbindung mit Sicherheit, Komfort und vielleicht Prestige.
- Die Menschen kaufen keine Versicherung. Sie kaufen Sicherheit.
- Die Menschen kaufen keinen Rollator. Sie kaufen Mobilität und Unabhängigkeit.
- Die Menschen kaufen kein Smartphone. Sie kaufen permanente Erreichbarkeit.
- Die Menschen kaufen keine Verpackung. Sie kaufen die unbeschädigte Warenlieferung.

Stell sicher, dass du den Nutzen verkaufst.

Hier kommen einige Beispiele mit einer guten Nutzen-Argumentation:

„Schönen guten Tag Herr Müller - hier ist Vorname Nachname von der ABC-GmbH. Ist es okay für Sie, wenn ich direkt auf den Punkt komme?"

Sprechpause

„Prima, Herr Müller, ich rufe Sie an, weil wir einige Transportunternehmen dabei unterstützt haben, die Ladekapazität Ihrer LKWs um bis zu 40% zu steigern. Derzeit verspüren ja viele Speditionen starken Druck bei den Margen.

Ist es okay für Sie, wenn ich Ihnen drei Fragen stelle um zu prüfen, inwieweit Ihr Unternehmen ebenfalls davon profitieren kann?"

******

Das xyz-Fenster ist mit Spezialdichtungen versehen und das bedeutet für Sie garantiert keine Zugluft und eine beträchtliche Heizkostenersparnis. Wie interessant ist das für Sie?

******

Die Armbanduhr hat ein stoß- und kratzfestes Edelstahlgehäuse und das garantiert Ihnen, dass Sie auch bei Klettertouren im Hochgebirge keine besondere Sorgfalt walten lassen müssen. Entscheiden Sie sich für das Leder- oder das Kunststoffarmband?

******

Der Konferenzstuhl bietet Ihnen sechs verschiedene Einstellungen der Sitzposition. Damit ist gewährleistet, dass jeder Teilnehmer seine individuelle Sitzposition findet. Wie wichtig ist das für Ihre Tagungsteilnehmer?

******

„Wir unterstützen Unternehmen dabei, die Verwaltungskosten im Bereich Personal zu reduzieren. Mit dem Einsatz unserer Software haben wir bei einem Unternehmen mit 450 Mitarbeitern die Kosten im ersten Jahr bereits um 113.475 Euro gesenkt. Wie interessant ist das für Sie?

******

„Ich unterstütze Unternehmen Ihrer Größenordnung bei der Freigabe neuer Produkte, damit die Vertriebsorganisation effizienter arbeiten kann. Sie erreichen dadurch schneller mehr Aufträge und somit mehr profitablen Umsatz. Welche Bedeutung hat das für Ihr Unternehmen?"

> *„Zu teuer"* heißt übersetzt:
> *„Du hast mich emotional nicht genug verführt".*
> *Verkauf ist Rock 'n' Roll und kein Requiem.*
>
> Stefan Schnoor

14. Wie du sicherstellst, dass dein Verkaufswissen nicht in Vergessenheit gerät

„Wer Preise sät, wird Pleiten ernten." (unbekannter Autor)
Es beginnt bei dir, wie du über das Wort Preis nachdenkst und wie du über den Preis sprichst.

Ich will dir eine Geschichte erzählen, die mir passiert ist. Es geht um ein mittelständisches Unternehmen, angesiedelt in Mittelhessen und hatte sechs Verkäufer.

Bevor ich die Mail von dem Geschäftsführer bekam, hatte ich vier Wochen vorher mein Honorar angehoben. Ich telefonierte also mit dem Geschäftsführer und stellte meine Fragen aus der Bedarfsanalyse. Während des Gesprächs kam ich zu der Überzeugung, dass dieses Unternehmen wohl nicht in der Lage sei, meine Honorarforderung zu erfüllen.

In diesem Fall nahm ich mein Honorar und teilte es durch die Anzahl der Verkäufer, um einen Betrag zu übermitteln bezogen auf die einzelne zu trainierende Person. Je mehr Teilnehmer, umso geringer wird der Betrag pro Teilnehmer. In diesem Fall sah also das Ergebnis nicht so gering aus, wie ich gedacht hatte.

Im Gespräch mit dem Geschäftsführer erkannte ich, dass es sich um ein familiär geführtes Unternehmen handelte. Auf meine Frage: *„Wie sind Sie denn auf mich gekommen?"* erzählte er mir, dass sein Vater bereits vor einigen Jahren mit mir gesprochen hatte es aber nicht zu einem Verkaufstraining gekommen war.

Der Vater hat mittlerweile die Verantwortung an den Sohn übertragen und ich fragte ihn dann, wie die Ergebnisse derzeit in der Vertriebsorganisation aussehen. Er sagte: *„Exzellent!"*

Und ich fragte ihn dann, warum er unbedingt ein Verkaufstraining durchführen wolle, wenn es doch dem Unternehmen so gut ginge. Er sagte: *„Ja, im Moment haben wir sehr gute Zeiten. Ich will mein Verkaufsteam darauf vorbereiten, dass sich die Zeiten auch wieder ändern werden und dann sind wir auf alles bestens vorbereitet."*

Ich glaube, du weißt auf was ich hinaus will. Es gab überhaupt keinen Grund darüber nachzudenken, ob dieses Unternehmen in der Lage sein wird, mein Honorar zu begleichen. Ich blieb bei meinem Honorar und er bezahlte es auch. Ende der Geschichte.

Hier ist der Punkt. Finde heraus, was deinen Gesprächspartner interessiert und biete eine Lösung an. Bring werthaltigen Nutzen zu deinen Interessenten. Am besten, wenn du den Nutzen noch in Euro oder in Prozenten präsentierst.

Deine Ideen in Zusammenhang mit der Preisgestaltung wirst du sicher verändern müssen. Du wirst im Verkauf nur wachsen – und ich meine wirklich wachsen – wenn du deine Komfortzone verlässt. Wenn du alles weiter so machst wie bisher, wirst du auch weiterhin das bekommen, was du schon immer bekommen hast.

Gibst du bei Google das Wort *„Preisgespräche"* ein, dann wirst du insgesamt 509.000 Einträge finden. Da findest du gerade im Internet viel „heiße Luft."

Besser ist es schon, wenn du auf www.amazon.de gehst und dort eingibst „*Preisgespräche*" – halte Ausschau nach neuen Büchern.

Gibst du bei einem Kunden einen Nachlass oder einen Rabatt, dann reduzierst du automatisch deinen persönlichen WERT.

Legen deine Kunden sehr viel Wert auf Profitabilität, dann ist es doch an der Zeit, deine Preise anzuheben.

Denk immer daran: Je mehr du über den Preis redest, umso weniger wird dein Kunde bezahlen.

> Die Klage über die Schärfe des Wettbewerbs
> *ist in Wirklichkeit nur die Klage über den Mangel*
> *an Einfällen.*
>
> Walter Rathenau

15. Den Auftrag zu bekommen ist ein Kinderspiel, wenn du dieses kleine Geheimnis kennst

Eines meiner Bücher heißt ja: „*Mach den Abschluss – Werners blaue Verkäuferkladde*". Dort habe ich ja ausführlich zum Thema Abschluss Stellung bezogen. Ich will die Gelegenheit auch nutzen, noch einige Informationen über den Abschluss zu vermitteln.

Wenn der Abschluss am Ende des Verkaufszyklus steht, dann heißt das ja auch der Start einer Aktivität – nicht das Ende einer Aktivität.

Einige Verkäufer werden schon unruhig, wenn es in den Bereich des Abschlusses geht, weil sie es anstrengend finden. Den Abschluss herbeiführen ist ja auch keine einfache Vertriebsarbeit.

Wir können es ja auch umbenennen in irgendein anderes Wort. Anstelle des Wortes „*Abschluss*" können wir auch von einer „*Vereinbarung*" sprechen oder „*nach dem Auftrag fragen*." Das sind doch alles positiv besetzte Begriffe die genauer beschreiben, was am Ende des Verkaufsprozesses passiert.

Genug der grauen Theorie. Hier kommen jetzt einige Punkte, die dazu beitragen, dass dein Gesprächspartner schneller Ja oder Nein sagt. Klar schauen wir immer zuerst nach den „Ja"-Antworten. Wir streben keine „Nein" oder „vielleicht" an. Wenn wir alle Verkäufer nehmen, die mit einem „vielleicht" schon einverstanden sind, dann käme da eine ordentliche Summe zusammen. Echte Gewinnertypen streben nie nach einem „vielleicht" sondern immer nach dem klaren „Ja!"

Wie frage ich nun nach dem Auftrag? Sobald du die exakten Anforderungen deines Gesprächspartners kennst und du deine Lösung präsentiert hast und alle wichtigen Belange besprochen wurden, dann solltest du eine der Fragen stellen:

- *„Welche weiteren Informationen benötigen Sie jetzt noch zur Entscheidungsfindung oder bevorzugen Sie noch eine Präsentation?"*
- *„Wir liefern immer dienstags und donnerstags nach Mainz-Gonsenheim – welcher Termin passt Ihnen am besten?"*
- *„Was sollte Ihrer Meinung nach jetzt der nächste Schritt sein?"*
- *„Das technische Training können wir in Ihrem Unternehmen durchführen oder bei uns im Trainingscenter – welchen Trainingsort bevorzugen Sie?"*
- *„Ich habe den Eindruck, dass Ihnen mein Vorschlag ganz gut gefällt – gehen wir beide jetzt gemeinsam den nächsten Schritt und schreiben den Auftrag?"*
- *„Welche weiteren Fragen haben Sie oder machen wir direkt den nächsten Schritt?"*

Denk daran, dass du bei allen diesen Varianten nie von einem *„Abschluss"* sprichst. Das erleichtert dir den Abschluss und du fühlst dich wesentlich wohler dabei.

Du entscheidest, wie du nach dem Auftrag fragen wirst, bevor du den Abschluss machst. Wenn du dich für eine Variante entschieden hast, schreib sie auf.

Sobald du diesen Satz bzw. diese Frage notiert hast, sag ihn dir mindestens zwölfmal auf. Das passiert in weniger als einer Minute. Das wird dazu führen, dass dein Selbstvertrauen steigt und du dich sicherer fühlst.

Alles wird dir einfacher und entspannter gelingen, wenn du es geübt hast. Geh in den Schuhen deines Kunden – nur für einen Moment.

Es ist immer einfach für jemanden, ein Nein zu sagen, sobald er in einer solchen Situation auch noch mit einer geschlossenen Frage konfrontiert wird. Gerade in der Abschlussphase ist keine Zeit für irgendwelche Improvisationen.

Es zahlt sich aus, sich vorzubereiten. Es zahlt sich aus, mehr zu üben. Es zahlt sich aus, sich vorzubereiten und zu üben, damit der Abschluss einfacher zustande kommt. Und diese Vorgehensweise wird dazu beitragen, dass du auf dem Weg zu einem Topp-20%-Verkäufer bist.

16. Warum soll ich bei dir kaufen?

Für den Verkäufer ist es wichtig, die Frage hinter der Frage des Interessenten exakt zu verstehen. Wurde dieser Interessent in der Vergangenheit von der Konkurrenz verheizt? Sind die Entscheider in diesem Unternehmen unsicher, eine Entscheidung zu treffen? Wenn diese Vorgehensweise verstanden wird, dann öffnen sich die Türen für weitere profitable Geschäfte.

Ein Interessent fragte den Verkäufer: *„Warum soll ich bei Ihnen kaufen?"* Der untrainierte und impulsive Verkäufer bringt seine ganzen Vorteile an „den Mann" – es waren fast exakt die gleichen Worte, die von der Konkurrenz am morgen genannt wurden.

„Wie sind seit einigen tausend Jahren in dem Geschäft, wir sind lokal hier vor Ort mit einem Büro vertreten, wir treten deutschlandweit auf, wir sind grün, wir liefern hohe Qualität, wir kaufen Expertenwissen ein, wir ....." Und so weiter.

Was ist nun die richtige Antwort? Es gibt keine einzige ultimative Antwort, da der Verkaufsprozess so unterschiedlich ist. Das hängt auch mit dem Charakter und der Dynamik der teilnehmenden Personen zusammen. Der schlaue Verkäufer verfügt über eine Vielzahl von Argumentationen, die er zum richtigen Zeitpunkt bringt.

Hier gebe ich dir drei Varianten mit auf den Weg, die ich erfolgreich einsetze:

1. **Sag die Wahrheit.** Wenn der Interessent bereits früh im Gespräch diese Frage stellt bevor du Gelegenheit hattest, deine Fragen in der Bedarfsanalyse zu stellen, dann sagen ihm einfach, dass du die Frage noch nicht beantworten kannst. Es fehlen noch zu viele Informationen, um sich ein Bild über das Unternehmen zu machen. Lassen dir das das okay geben, dass du weitere offene und tiefergehende Fragen stellen darfst, um an die (auch geheimen) Wünsche und Bedürfnisse heranzukommen.

2. **Antworte mit deinem „12-Sekunden-Match-Pitch"** (12 Sekunden - das ist die Zeit in der ein Streichholz abbrennt). Ein alter Spruch aus dem Vertrieb lautet: *„Es ist uninteressant was du machst, wichtig ist, welche Probleme du beseitigst."* Viele Verkäufer sprechen in der *„Ist-Sprache"*. Ein Beispiel: *„Wir werten die finanzielle Planung aus." „Wir bauen Heizung und Sanitär ein." „Wir vermieten Bagger, Radlader und andere Produkte für den Tiefbau."*

   Ein guter *„12-Sekunden-Match-Pitch"* handelt von den Lösungen eines Problems. Ein Beispiel: *„Ich bin der Verkaufstrainer Werner Hahn und reduziere in Ihrem Unternehmen die Anzahl der verloren gegangenen Aufträge."* Oder *„Unternehmen, die mit uns zusammen arbeiten, steigern den Umsatz im gesamten Verkaufsteam. Sie verkaufen weniger über den Preis, sondern verstärkt über den Nutzen."*

Ein „12-Sekunden-Match-Pitch" deckt die Unzulänglichkeiten im Unternehmen auf und zeigt auch, wo der Schuh exakt drückt. Füllen Sie die Pipeline Ihres Potentials immer mit Interessenten, die auch wirklich daran interessiert sind, etwas in ihrem Unternehmen zu verändern.

3. **Bestimmt – aber freundlich.** Die ist eine Fähigkeit, gewissen Einfluss zu nehmen. Sie wird oft von den Verkäufern missbraucht, in dem sie eine Frage mit einer Gegenfrage stellen ohne in die Tiefe zu gehen. Erst das bewirkt, den Interessenten verstehen zu wollen.

„Warum sollte ich von dir kaufen" ist keine wirkliche Frage. Hinterfrage dies, um das noch besser zu verstehen.

„Das ist eine legitime Frage, Herr/Frau Interessent. Ich könnte jetzt sagen, dass wir größer, schneller, schöner und besser sind. Was ich für viel wichtiger halte ist doch die Frage, was Sie besonders interessiert, wenn Sie einen neuen Lieferanten bekommen. Erzählen Sir mir etwas über Ihren besten Partner und was zeichnet diesen aus und worauf legen Sie besonderen Wert?"

Der Verkäufer muss die Frage hinter der Frage verstehen. Wurde dieser Interessent in der Vergangenheit von einem Lieferanten über den Tisch gezogen? Weiß der Interessent nicht, wie er eine schnelle Entscheidung treffen kann? Interessenten werden klären und antworten gemäß Ihrer Entscheidungskriterien, wodurch die Tür für bessere und mehr Fragen weiter geöffnet wird.

17. Wie baust du eine harmonische Beziehung auf?

In der Fachsprache sprechen wir ja mittlerweile davon, Rapport aufzubauen. Denn unter Rapport verstehen wir, uns auf den Gesprächspartner einzustellen über die unterschiedlichen Sinneskanäle. Dieses Thema findest du ja mittlerweile in jedem Verkaufstraining, in jedem Fachbuch.

Tausende von Trainer haben sich bisher nur mit diesem Thema beschäftigt. Suchst du bei Google nach Rapport, so werden dir 112 Millionen Ergebnisse angezeigt. Eins gebe ich dir heute mit auf dem Weg: Rapport gehört zu den am meisten missverstandenen und falsch eingesetzten Konzepten im Geschäftsleben.

Fragst du 10 Verkäufer nach der Bedeutung von Rapport, so bekommst du 10 verschiedene Antworten. Es gibt nur wenige Personen im Verkauf, die dieses Konzept wirklich verstehen.

Mit Rapport ist es sehr anspruchsvoll, mit jemanden im Gleichklang zu sein und seine Aktivitäten zu synchronisieren. Nur wenige haben die Zeit und Ausdauer, Experte in dieser Disziplin zu werden.

Hier geht es um die Augenbewegungen und die Mimik in der Körpersprache. Das alles effizient und diskret zu spiegeln unter Berücksichtigung der Sinneskanäle – visuell, auditiv und kinästhetisch – hört sich in einem Training wirklich cool an. Aber wie sieht es in der realen Welt aus, wenn du bei einem Interessenten sitzt und deine höheren Preise durchdrücken willst?

Ein Rapport kann dann meistens peinlich, kitschig und manipulativ sein. Zu allem Übel sind Legionen von Verkäufern der Meinung, dass der small-talk zu Beginn des Gesprächs schon dem Aufbau von Rapport dient. Sie haben das so von unqualifizierten Trainern übernommen und machen auch noch dumme Kommentare über verschiedene Objekte im Büro des Interessenten. Viele Verkäufer haben den Aufbau von Rapport mittlerweile aus dem Verkaufsprozess verbannt und damit beigetragen, dass ihre Verkäufe immer weniger werden.

Käufer sind ja nicht blöd. Sie finden diese billigen Versuche auf diese Art Rapport aufzubauen, überflüssig, gekünstelt und unaufrichtig. Mit der Zeit sind sie abgestumpft gegen Rapport und reagieren nicht mehr drauf. Wenn du willst, dass die Interessenten bei dir kaufen, dann vergiss Rapport. Streich das Wort aus deinem Vokabular. Konzentrier dich auf den *Beziehungsaufbau*.

Rapport wurde entwickelt um das Verhalten zu verändern, nicht um eine Beziehung aufzubauen. Rapport in seiner ursprünglichen Form ist manipulativ und du weißt ja, dass ich jegliche Form der Manipulation ablehne. Menschen die merken, dass sie manipuliert werden, werden niemals eine persönliche harmonische Beziehung zu dir aufbauen.

Der Beziehungsaufbau auf der anderen Seite dient dazu, die (geheimen) Wünsche und Bedürfnisse zu ermitteln und der Interessent dir vertraut. Die effizienteste Strategie, um andere für dich zu gewinnen (insbesondere wenn du ihr Freund bist) liegt doch darin, dass du sie dabei unterstützt das zu bekommen, was sie sich wünschen.

Hör auf, dich auf den „Rapport" zu konzentrieren und beginn aktiv zuzuhören.

Der unstillbare menschliche Wunsch, die tiefste Sehnsucht des Menschen sind doch Anerkennung, Wertschätzung und Ernsthaftigkeit.

Der Schlüssel, Menschen für sich zu gewinnen ist sehr einfach: gib ihnen das Gefühl wichtig zu sein. Das wahre Geheimnis, anderen das Gefühl der Wichtigkeit zu geben, ist doch einfach zuzuhören. Zuhören ist kraftvoll und dynamisch. Je mehr du den Menschen zuhörst, umso enger wird die Beziehung zu ihnen sein. Wenn du zuhörst, fühlen sich deine Gesprächspartner ernst genommen, respektiert und bestätigt.

Unglücklicherweise reden Verkäufer mehr als sie zuhören. Warum ist das so? Wir denken nach und reden über uns selbst, über unsere Produkte und Dienstleistungen, über unsere Probleme und Leistungen. Der überwiegende Teil der Menschen, insbesondere die Verkäufer, machen sich überhaupt keine Mühe, anderen zuzuhören. Wenn sie nicht reden, dann denken sie darüber nach, was sie als nächstes sagen werden.

Nur wenn du zuhörst, bekommst du alle Informationen und kannst eine Beziehung aufbauen. Genau so geht es dir, wenn andere über sich selbst reden und du ihnen zuhörst. Gib ihnen das Gefühl wichtig zu sein und dadurch gewinnst du bei ihnen.

Nur durch aufrichtiges zuhören verlangt eine andere Person Selbstdisziplin, Selbstlosigkeit, Praxis und Geduld. Es ist weder kompliziert noch komplex.

Das ist das schöne an dem Beziehungsaufbau. Anders als die Komplexität beim Rapport verlangt der Beziehungsaufbau nur, das du deinem Interessenten, deinem Kunden, deinem Boss oder deinem Kollegen einfach nur entspannt aktiv zuhörst.

18. Mit intelligenten Fragen schneller zum Abschluss

Die durchschnittlichen Verkäufer sind ja immer noch der Meinung, dass Verkaufen heißt: *reden, reden, reden.*

Der Verkaufsprofi, der echte und wahre Champion, hat schon längst realisiert, dass wir Menschen über zwei Ohren und einen Mund verfügen. Und in genau diesem Verhältnis sollten wir die beiden auch nutzen. Nachdem Sie also 10 Sekunden gesprochen haben, halten Sie den Mund und schalten für 20 Sekunden die Ohren auf vollen Empfang. Dies bedeutet also, den Interessenten nicht mit Worten zu torpedieren, sondern ihn durch gezielte Fragen zum Sprechen zu bringen.

Lassen Sie uns die zwei Methoden vergleichen.

Der durchschnittliche Verkäufer:

„Das ist das Beste auf dem Markt. Da kommt kein anderes Produkt ran. Dies ist das beste Produkt, weil wir der Konkurrenz um Meilen voraus sind. Sie sollten es jetzt bestellen."
„Keine Versicherung auf dem deutschen Markt wird Ihnen das bringen, was Sie mit dieser Police erreichen werden. Sie sollten sich beeilen und jetzt sofort unterschreiben."
„Diese Produkte gehen jetzt in den Verkauf. Warum verschwenden Sie Ihre Zeit mit der Suche nach den richtigen Produkten? Ich biete sie Ihnen preisgünstig an. Sagen Sie mir, wie viel Sie brauchen und ich mache Ihnen einen guten Preis."

Wenn die Verkäufer so vorgehen, was machen Sie? Sie pushen den Verkauf. Sie schleudern dem Gesprächspartner egoistische Formulierungen in den Hals. Sie sagen: *„Ich bin hier und will dir jetzt was verkaufen! Ich mache das nur, damit du meine Geldbörse auffüllst und für mich spielt es auch keine Rolle, ob dir meine Produkte und Dienstleistungen etwas bringen."*

Diese Vorgehensweise führt doch nur dazu, dass der Verkäufer wieder schnell das Unternehmen ohne Auftrag verlassen wird. Die Dollarzeichen in den Augen des Verkäufers führen zur sofortigen Ablehnung. Je mehr Druck du ausübst, um so mehr Gegendruck wirst du verspüren. Du erinnerst dich an mein Mantra:

Wir lassen uns ungern etwas verkaufen,
wir lieben es zu kaufen.

Die Verkaufsprofis, die wahren Topp-20%-Verkäufer, geben dem Gesprächspartner niemals das Gefühl, das Druck ausgeübt wird. Sie führen das Gespräch.

Topp-20%-Verkäufer führen den Interessenten von der Kontaktaufnahme bis hin zum Abschluss. Der Interessent bekommt das dringende Bedürfnis, diese Produkte jetzt zu besitzen. Der Topp-20%-Verkäufer zeichnet sich dadurch aus, das er die meiste Zeit zuhört und viele qualifizierte offen Fragen stellt. Dabei bewahrt er noch eine freundliche positive Einstellung und schafft damit die Basis, dass der Interessent alle Informationen freiwillig gibt.

Die qualifizierten Fragen des Topp-20%-Verkäufer:

„Wenn Sie sich für einen neuen Lieferanten entscheiden, wie wichtig sind Ihnen ein guter Ruf über Professionalität und Service in der Branche?"

„Ich habe noch nie ein Unternehmen getroffen, das die beste Produktqualität und den besten Service zu billigen Konditionen anbieten kann. Sagen Sie mir, auf was wollen Sie verzichten, wenn Sie sich für einen Kauf jetzt entscheiden?"

„Nachdem ich die Vorteile und den Nutzen dieser besonderen Versicherung erläutert habe, dann werden Sie doch sicher dieses Projekt so schnell wie möglich implementieren. Wie sehen Sie den Zeitplan?"

Erinnern Sie sich noch daran, wie Sie mit manchen Verkäufern ein entspanntes Verkaufsgespräch geführt haben und sich dabei noch frei und ungezwungen gefühlt haben bevor Sie gekauft haben? Sie haben sich gut dabei gefühlt. Wenn Sie noch an die Gespräche denken, hatten Sie da das Gefühl, dass Sie das Gespräch führten und der Verkäufer Ihnen folgte? Klar, so war das zu Beginn des Gesprächs. Dann hat der Topp-20%-Verkäufer das Gespräch übernommen, ohne das Sie es bemerkten und Sie folgten ihm die ganze Zeit.

Wie kann so etwas geschehen? Der Topp-20%-Verkäufer fordert den Interessenten auf, von sich und seinen Erfolgen zu sprechen. Danach übernimmt der Topp-20%-Verkäufer und führt den Interessenten durch den Verkaufsprozess. Mit seinen qualifizierten und warmherzigen Fragen kommt er langsam auf den Punkt. Das geschieht so unbemerkt, dass der Interessent nicht an das Geldausgeben denkt. Stattdessen kauft er.

19. Du hast doch schon als Kind gut verkauft

Wie viele „Nein" benötigst du, bis du im Verkauf aufgibst? Erinnerst du dich noch an die Zeit, als du sieben Jahre alt warst und du deine Mama beim Einkaufen begleitet hast? Welche Frage hast du immer an der Kasse gestellt? Hier kommt sie: „Mama, kann ich diese Bonbons haben?" Das war eine geschlossene Frage.

Die Antwort deiner Mutter: „Nein." Du   - schon als creativer Verkaufsexperte - hast ihr „Nein" einfach ignoriert und wieder gefragt: „Mama bitte, kann ich diese Bonbons haben?" Deine Mutter war ein wenig pikiert, da sie ja mit dir in der Schlange vor der Kasse stand und sie sagte mit einem bestimmenden Tonfall zu dir: „Ich habe NEIN gesagt."

Das war jetzt das zweite „Nein" deiner Mutter und du: „Oh Mama, komm, BITTE!"

Jetzt sagte deine Mama mit entsprechendem Nachdruck: „Absolut NEIN!" (vielleicht wiederholt sie das Nein auch noch buchstabiert: N-E-I-N). Jetzt war das dritte „Nein" ausgesprochen.

Zeit, darüber nachzudenken, warum so viele „Nein" kommen. Lass uns herausfinden, was der wahre Grund der Ablehnung (Einwand) ist.

„Warum kriege ich denn keine Bonbons, Mama?" Nach den drei geschlossenen Fragen brachtest du nun die erste offene Frage ins Gespräch.

Verdammt, wo hast du das als Siebenjähriger schon so früh gelernt? „Weil wir gleich erst zu Mittag essen," sagte deine Mutter.

Jetzt war deine große Chance gekommen. Mit der richtigen Beantwortung dieses Einwandes (der vierte!) wusstest du, dass gleich die Bonbons in der Einkaufstasche deine Mutter landen würden.

„Nein, mache ich doch gar nicht Mama, ich will doch nur eins nach dem Mittagessen schnuckern," hast du etwas mitfühlend geantwortet.

„Ich weiß nicht," sagte sie jetzt mit dem fünften „Nein.``

„BITTE Mama," und du brachtest das mit einer Mixtur von mitleidigem Gesang mit weinerlicher Stimme.

„OKAY," sagt deine Mama, *„denk daran, erst nach dem Essen gibt es etwas Süßes."* Und den letzten Teil sagte sie mehr zu dem Kassierer als zu dir (der Kassierer grinste die ganze Zeit).

HURRA – GEWONNEN! Nach fünf *„Nein``* hast du dein Ziel erreicht. Dabei bist du doch vorbereitet, auch mit 10 „NEIN`` umzugehen. Denk nochmal eine Sekunde darüber nach. Als du sieben Jahre alt warst, hast du dich in der Öffentlichkeit peinlich verhalten, hast verbale Beleidigungen akzeptiert und vielleicht hast du auch noch einen kleinen Klapps auf die Finger bekommen mit der barschen Aufforderung, die Süßigkeiten wieder ins Regal zu legen.

In der Zeit zwischen dem Windeltragen und deiner ersten Visitenkarte hast du wahrscheinlich vergessen, wie hartnäckig du bereits im Verkauf gewesen bist.

Denk darüber nach, wie du damals mit den Einwänden umgegangen bist. Entspann dich, lehn ich zurück und relax (oder chillen wie es neudeutsch heißt).

Die Süßigkeiten an der Supermarkt-Kasse, dein erstes Date (der Zettel mit *„Willst du mit mir gehn: ja – nein- vielleicht")*, das Betteln um den Autoschlüssel, beim Verteilen der Süßigkeiten ganz vorne dabei zu sein, die vielen Körbe in der Tanzstunde – alles Verkaufs-Aktivitäten.

Es gab reichlich *„Nein"* und viele Einwände. Hast du dich davon abhalten lassen? Bist du zurückgerudert und hast dich in dein Schneckenhaus zurückgezogen? Welches Risiko bist du eingegangen? Welche Gegenwehr hattest du in Betracht gezogen? Hattest du eventuell doch noch den Abschluss gemacht?

Ich garantiere dir, dass du als Kind eine
Abschlussquote von über 90% hattest.

Wie viel Geld würdest du bekommen, wenn deine Quote heute so hoch liegen würde? Vergiss die Süßwaren an der Kasse. Mit einer Abschlussquote von 90% könntest du den ganzen Laden kaufen.
Im Durchschnitt benötigst du sieben Nein, Einwände, Kontakte, Vorwände, Gespräche, um den Auftrag zu bekommen.
Was ist das große Geheimnis, um nach sieben *„Nein"* noch den Auftrag zu bekommen? **Beharrlichkeit.**

20. Glaubst du wirklich an: „*Den Auftrag machen?*"

„Oh, Fritz, den Auftrag musst du dir erst verdienen!"

Ich bin immer wieder erstaunt, wie viele Verkäufer mich fragen: *„Werner, wie komme ich am schnellsten an den Auftrag?"*

Es ist doch keine Technik. Keine Manipulation. Du wartest doch nicht bis zum Ende deiner Präsentation und startest dann den Abschluss. Das hat auch nichts mit deinem besonderen Timing zu tun. Du brauchst auch nicht damit Leben, dass du abgelehnt wirst.

Was erforderlich ist: eine engagierte Unterhaltung mit Jemandem, der bereit ist, dich und deine Produkte und Dienstleistungen zu kaufen. Eine Unterhaltung, die NUTZEN beinhaltet, ein visualisiertes klares Ergebnis mit den Kaufmotiven und die das Emotionale in den Vordergrund stellt. Der Kauf findet zu 90% emotional statt, er wird erst anschließend rational begründet.

Das ist doch nun ganz weit entfernt vom *„Auftrag machen"*.

Wenn dein Verkauf schon negativ startet, wie soll da dein Ergebnis positiv sein?

„Den Auftrag machen" ist ein völlig verkehrter Gedankengang. Der interessierte Kunde macht seine oder ihre Entscheidung abhängig vom Verkaufsprozess und seiner Frage: *„Was bringt mir das?"*

Wenn du den Verkauf komplettieren willst – im Regelfall wird das ja bezeichnet als „den Auftrag machen" – schaffst du eine Atmosphäre in der dein Interessent kaufbereit ist. Das bedingt doch, dass du dir Fragen stellen musst, wie der Auftrag deiner sein wird.

ACHTUNG: Wenn du dir die richtigen Fragen stellst und selber die Antworten nicht kennst, dann sind das die ersten Hinweise für dich, dass du den Auftrag verlieren wirst. Je besser und tiefergehender deine Antworten sind, um so eher wirst du den Auftrag verdienen.

Denk an deine letzten zehn Interessenten-Termine und frag dich selbst:

- *Wie gut warst du vorbereitet aus der Sicht deines Gesprächspartners?*
- *Wie freundlich bist du in dem Gespräch gewesen?*
- *Wie begeistert bist du in dem Gespräch gewesen?*
- *Welche Emotionen hast du in dem Gespräch gezeigt?*
- *Mit welchem Wissensstand hast du überzeugt?*
- *Wie viel Selbstvertrauen hast du vermittelt?*
- *Wie identifizierst du dich mit deinen Produkten und Dienstleistungen?*
- *Wie überzeugend war deine Präsentation?*
- *Wie unterscheidest du dich von deiner Konkurrenz?*
- *Wie werthaltig und nutzenorientiert war deine Präsentation?*
- *Wie glaubwürdig bist du?*
- *Sehen deine Gesprächspartner in dir eine vertrauenswürdige Person?*

Den Auftrag machen? NEIN! Das ist keine Aktion. Es ist die Summe der verschiedenen Parameter, die zu einer Entscheidung führen.

Den Auftrag zu verdienen ist die Ausgewogenheit zwischen deinen Worten und Taten und ihren Gedanken und Wahrnehmungen.

Ein Verkauf findet IMMER statt – entweder du verkaufst ihnen das „Ja" oder sie verkaufen dir ihr „Nein".

GEHEIMNIS: Du bist ein gut vorbereiteter, freundlicher, begeisterter, emotional engagierter, viel fragender, nutzenbringender, glaubwürdiger, selbstbewusster und vertrauenswürdiger Verkäufer – und ICH GEBE DIR GERNE DEN AUFTRAG. Da findet doch kein Abschluss statt.

- Es liegt nicht in der Verantwortung des Verkäufers, einen Auftrag zu machen. Es ist die Verantwortung des Verkäufers den Interessenten zu begeistern.
- Es liegt nicht in der Verantwortung des Verkäufers, einen Auftrag zu machen. Es ist die Verantwortung des Verkäufers die richtigen Fragen zu stellen, um die Bedürfnisse, Wünsche und Träume seines Gesprächspartners zu entdecken.
- Es liegt nicht in der Verantwortung des Verkäufers, einen Auftrag zu machen. Es ist die Verantwortung des Verkäufers den individuellen NUTZEN zu vermitteln.
- Es liegt nicht in der Verantwortung des Verkäufers, einen Auftrag zu machen. Es ist die Verantwortung des Verkäufers die Unterschiede dem Interessenten zu vermitteln.
- Es liegt nicht in der Verantwortung des Verkäufers, einen Auftrag zu machen. Es ist die Verantwortung des Verkäufers den Auftrag zu verdienen.

Es ist so viel über den „Abschluss" und „Auftrag machen" geschrieben worden. Keine Stufe aus dem Verkaufsprozesses wurde so umfangreich beschrieben wie Abschluss und Auftrag. Der überwiegende Teil handelt davon, den Interessenten in die Ecke zu zwängen und ihm die Pistole auf die Brust zu setzen: *„Entscheide dich jetzt für mich!"* Druck erzeugt ja bekanntlich immer Gegendruck und eine solche Situation führt nur zu einem *„Nein"* deines Gesprächspartners.

In diesem Artikel habe ich dir aufgezeigt, wer für den Auftrag letztlich verantwortlich ist und wie der Auftrag realisiert werden soll.

BESONDERE BOTSCHAFT: Wenn du diesen Ansatz in deine Arbeitsweise jetzt implementierst, dann wirst du weniger von diesem ganzen Krimskram hören: Der Preis ist zu hoch, ich will noch mal darüber nachdenken, muss ich mit dem Boss besprechen, wir werden das nächste Woche im Meeting besprechen und rufen Sie mich doch am Donnerstag der nächsten Woche an, oder senden Sie mir ein Angebot oder bla, bla, bla...

Ja, ich habe auch viele Artikel geschrieben, unter anderem in den Newslettern und in meiner blauen Verkäuferkladde: *„Mach den Auftrag!"* Alle meine Informationen und Statements stimmen weiterhin harmonisch mit meiner Philosophie überein:

- *Niemals manipulieren und*
- *Aufbau einer partnerschaftlichen, vertrauensvollen und langjährigen Zusammenarbeit.*

DER SCHLÜSSEL: Hab ein gutes Gefühl dabei. Erzeug in jedem Gespräch gute Gefühle. Bist du in einer Verkaufssituation und du fühlst keine Harmonie, fehlende Begeisterung oder dich nervt die sinnlose Kommunikation, dann geh einen Schritt wieder zurück und setz neu auf oder verlass deinen Interessenten.

Bau Vertrauen auf. Vertrauen ist der Schlüssel zu einer langjährigen und erfolgreichen Zusammenarbeit. Die Basis für Vertrauen ist die Wahrheit.

Mit Vertrauen gewinnst du mehr Aufträge als mit der Manipulation oder mit dem Hardselling. Alles was du nur tun musst: switch dich um von „Auftrag machen" auf „Auftrag verdienen" – dann hast du den Auftrag. Glückwunsch!

Mit Sicherheit mehr Umsatz!

Behandelst du Menschen wie sie sind,
so behandelst du sie schlechter.
Behandelst du sie wie sie sein können,
machst du sie besser.

Johann Wolfgang von Goethe

21. Willkommen in der Gegenwart. Hier und heute findet der Verkauf statt.

Ich denke gerade an den bisherigen, traditionellen Verkauf. Oder sollte ich sagen: den klassischen Verkauf? Das war gestern. Hier gebe ich dir sieben Punkte, die dich zum nachdenken anregen sollen:

ERSTE REALITÄT: Traditionelles Verkaufen ist aggressiv. Reden, präsentieren, manipulieren, und abschließen. Das haben wir doch nun endlich hinter uns, die hard-selling-Truppen. Anhauen-umhauen-abhauen.

ZWEITE REALITÄT: Kunden und Interessenten kaufen zuerst dich als Verkäufer. Kauft dich der Interessent nicht als Mensch, wird er niemals bei dir etwas kaufen.

DRITTE REALITÄT: Dein Interessent ist so einfallsreich und klug wie du oder sogar noch schlauer als du. Das Internet macht ihn viel intelligenter als viele Verkäufer. Und die sozialen Medien präsentieren ihm sogar überprüftes Wissen von anderen Kunden und Interessenten auf dem Silbertablett.

VIERTE REALITÄT: Deine Kunden und Interessenten kümmern sich um die Themen, die sie zu lösen haben. Sie haben wenig Zeit für deinen komischen Kram und wollen nicht belästigt werden. Es ist für sie viel bedeutender, wenn sie dich treffen, sobald sie konkreten Bedarf haben.

FÜNFTE REALITÄT: Kunden und Interessenten sind nur daran interessiert, wie SIE in der Zukunft GEWINNEN. Sie interessieren sich nicht für irgendwelche ausgelutschten Verkaufs-Sprüche.

Es interessiert sie auch nicht, wie du deine Vorgaben zu erfüllen hast. Es geht ihnen nur um ihren eigenen Profit.

SECHSTE REALITÄT: Dein Interessent muss aus deinem Angebot den WERTHALTIGEN NUTZEN erkennen und dir und deinem Unternehmen vertrauen. Er kauft nur bei dir, wenn er weiß, welche konkreten Ergebnisse mit dem Einsatz deiner Produkte und Dienstleistungen zu erzielen sind.

SIEBTE REALITÄT: Du solltest im Internet und in den sozialen Medien vertreten sein, damit dein Interessent dein Wissen und deine Einstellung erkennt. Hier präsentierst du dich als DER Experte.

Schau dir diese Liste exakt an, was du tust und wie du in den einzelnen Situationen vorgehst. Haben deine Verkäufer-Kollegen sich schon auf den neuen Weg gemacht oder verkaufen sie auch noch nach den Methoden des letzten Jahrhunderts?

- **Jäger und Heger im Verkauf.** Zu welcher Gruppe gehörst du? Da macht der Verkäufer einen Abschluss und dann haut er ab! Er versteckt sich hinter dem Service, dem Innendienst und anderen Personen und der neue Kunde fühlt sich mehr als *„auf den Arm genommen."* Mit Jägern und Hegern im Verkauf wirst du niemals eine vertrauensvolle Partnerschaft aufbauen.

- **Den Schmerz finden.** Okay, es ist schon einige Jahre her, als mir ein Verkaufstrainer sagte: *„Du musst den Schmerz deines Gesprächspartners finden. Frag ihn, was ihn nachts nicht schlafen lässt!"* Und dreimal war die Antwort: *„Das Schnarchen meiner Frau!"* Wie blöd muss ich gewesen sein, solche Sätze zu sagen. Damit habe ich keinen Blumentopf gewonnen!

- Das ist eine Situation, in der sich der Gesprächspartner unwohl fühlt. Mit dieser Taktik zaubert der Verkäufer eine Lösung aus dem Hut für ein Problem, das der Interessent hat. Die Lösung löst nicht das Problem, das zentrale Verkaufsthema ist der Schmerz. Keinen werthaltigen Nutzen, keine Begeisterung, kein Beziehungsaufbau – nur die Manipulation.

- **Merkmale und Vorteile auflisten.** Diese Informationen hat dein Interessent sicher schon in drei Sekunden im Internet gefunden und du belästigst ihn mit deinem Krimskram. Oder er hat sich diese Informationen schon per Mail von dir oder deinem Mitbewerbern abgeholt. Ist ja nur einen Mausklick entfernt – egal wo er sitzt.

- Deine Interessenten interessieren sich nicht für dich und deine Produkte, sie wollen nur wissen: *„**Was bringt mir das?**" „Wie viel mehr produziere ich?" „Wie mache ich mehr Profit?"*

- **Einwänden eliminieren.** *„Ihr Preis ist zu hoch!"* Wirklich? Gehst du gegen diesen Einwand an? Wo bleibt deine werthaltige Nutzenargumentation? Wo sind deine Referenzen und Empfehlungen? Wo ist deine partnerschaftliche Beziehung? Wo ist das Vertrauen? Wo bleibt die Anerkennung durch deinen Auftritt in den sozialen Netzen?

- **Den Abschluss machen.** Ein Verkauf findet immer emotional statt. Niemals manipulativ – das ist doch Vergangenheit. Du machst doch immer einen Abschluss. Entweder verkaufen sie dir ihr „Nein" oder du machst tatsächlich einen Auftrag.

- **Angebote und Ausschreibungen.** Diese Art des Verkaufens wird weiter bestehen bleiben. Du kannst auch in diesem Bereich besser werden durch Kunden-Loyalität und höhere Qualität. Wenn du Angebote schreibst, bekommst du Geld dafür? In Berlin gibt es einen Fotohändler, der lässt sich die Beratung über eine Kamera mit 40 Euro bezahlen. Im Erfolgsfall entfällt dieses Honorar – eine simple und gute Idee.

- **Aufdringliche Telefonate.** Hier geht es nur um den schnellen Abschluss. Die Dollarzeichen blinken in den Augen? Vergiss es. Ein schnelles Geschäft bringt dir eine Provision aber keine langfristige erfolgreiche Partnerschaft.

- **Kundenzufriedenheit.** Kennst du die Unternehmen, die Kundenzufriedenheit messen und anschließend ein Testat ausstellen und das Unternehmen auf Platz 1 hieven? Als Verbraucher kannst du dich nur wundern, wie eine solche Aussage zustande kommt (sicher haben sie dafür bezahlt). Merke: Kunden sind niemals zufrieden.

- **Aktiv nach Referenzen fragen (betteln).** Fragst du mehrfach nach einer Empfehlung und du bekommst keine, wirst du niemals eine Empfehlung bekommen und sie werden dich von der Liste streichen. Anstelle nach Empfehlungen zu fragen, warum gibst du keine Empfehlungen weiter?

- **Geringe oder gar keine Präsenz in den sozialen Medien.** Sag, was du zu sagen hast. Je mehr du sagst, um so eher werden sie dich als einen Experten identifizieren und damit baust du dein Geschäft auf.

- **Geringe oder gar keine Kunden-/Interessenten-beziehung**. Je intensiver deine Beziehung zu deinen Kunden und Interessenten ist,
- um so mehr Aufträge gewinnst du.
- um so mehr Profit machst du.
- um so mehr Empfehlungen bekommst du.

Du fragst dich, was ich mache? Ich bevorzuge den verbindlichen Verkauf mit guten Gefühlen.

- Verbindliche Verkäufer stellen viele Fragen.
- Aggressive Verkäufer reden.

- Verbindliche Verkäufer stellen den Kunden in den Mittelpunkt.
- Aggressive Verkäufer stellen den Abschluss in den Mittelpunkt.

- Verbindliche Verkäufer hören aktiv zu und gehen auf das Gesagte ein.
- Aggressive Verkäufer interessiert es nicht, was der Kunde sagt.

- Verbindliche Verkäufer schaffen ein positives Gefühl in den Gesprächen.
- Aggressive Verkäufer denken nur an den schnellen Erfolg mit der Provision – cash in the Täsch!

Wozu gehörst du? Es ist der Unterschied zwischen dem Verkauf gestern und dem Verkauf heute.

Willkommen in der neuen Welt VERKAUFEN 4.0. Es ist der Unterschied zwischen den Verkaufs-Haudegen der Vergangenheit und den verbindlichen Verkaufs-Strategen - heute und morgen.

22. Die goldene Frage und wie du kontinuierlich Wachstum erreichst

Es gibt tatsächlich die goldene Frage. Es ist die eine Frage, die wirklich mehr Glück für die bedeutet, die diese Frage stellen. Dabei spielt es keine Rolle, in welcher Branche du als Verkäufer tätig bist.

Es ist eine etwas schwierige Frage, da sie dazu führt, dass du in dich reinhörst.

Deine besten Fragen sind ja reserviert für andere. Du bevorzugst ja die Fragen, da die Antwort von anderen kommt.

Das besondere an unserem 21. Jahrhundert ist doch die Tatsache, dass wir schnelle Veränderungen erleben. Eh das wir es bemerken, hat sich die Welt schon weiter gedreht. Wie können wir in einer Welt leben bzw. überleben, in der es so schnelle Veränderungen gibt?

Weißt du, dass es das Mobiltelefon erst seit dreißig Jahren gibt?

Das Überleben ist ja nur der Beginn. Wie können wir erfolgreich und ungezwungen leben? Wie kommst du mit den Veränderungen klar, wenn du gerade nicht der Typ bist, der sich täglich neuen Herausforderungen stellen will? Die Antwort in diesem Fall hat mehr mit der Frage zu tun als mit deiner Antwort.

Wenn Veränderungen tatsächlich so einfach wären, würde doch jeder schnell mit damit klar kommen. Tatsache ist, dass Veränderungen – gerade persönliche Veränderungen – nicht einfach sind.

Da sie nicht einfach sind, solltest du sie auch nicht ignorieren. Kleine Veränderungen können schwierig sein. Große Veränderungen sind noch schwieriger. Radikale Veränderungen sind am schwierigsten und extrem durchzusetzen.

Mein Ansatz ist auch in diesem Fall ganz einfach. Fang nicht damit an, gleich große Veränderungen durchzusetzen. Mach viele kleine Veränderungen. Um einen Berg zu erklimmen, gehst du ja auch nur Schritt für Schritt vor. Je mehr kleine Schritte du machst, umso mehr große Schritte werden daraus. Danach stellen sich automatisch die Erfolge ein.

Hier kommt meine goldene Frage: *„**Wie kann ich es besser machen?**"*

Stellst du dir im Laufe deines Lebens diese Frage immer häufiger, so wirst du viele Veränderungen durchführen. Veränderst du etwas, wirst du weiter wachsen. Wenn du wächst, wirst du vorankommen. Wenn du vorankommst, hast du mehrere Möglichkeiten.

Als ein professioneller Verkäufer solltest du dich fragen, in welchen der hier aufgeführten Schlüsselelemente kannst du dich noch verbessern?

- Interessentenqualifizierung
- Terminvereinbarungen
- Aufbau eines guten harmonischen Verhältnisses
- Kundenbedürfnisse erkennen
- Fragen stellen
- Präsentationswissen erweitern
- Verhandlungsführung
- Kommunikationswissen

- Vereinbarungen treffen
- Verkaufsprozess optimieren
- Angebote schreiben
- Körpersprache – verbal und nonverbal
- Zeiteinteilung
- Mitarbeiterführung
- Zielerreichung
- Produktwissen
- Telefonverkauf
- Nachrichten auf der Mobilbox
- E-Mail schreiben
- Gebietsbetreuung
- JA!-Einstellung im Verkauf
- Einwandbehandlung
- Abschlusstechniken
- Nutzenargumentation
- Wertschätzender Umgang mit anderen Menschen
- Verkaufsgespräche optimieren
- Verkaufsprozess beschleunigen
- Verkaufstrichter auffüllen
- Neue Technologien verstehen und umsetzen
- Partnerschaft

Stell dir vor, in jedem dieser Themen verbesserst du dich nur um 1% - kannst du ahnen, was das für dich bedeutet? Und das alles nur, weil du dir diese eine Frage stellst:

„Wie kann ich es besser machen?"

Du bist im Verkauf und damit ein Student, der lebenslang lernt. Viele ältere Verkäufer sagen mir auf den Trainings immer *„Werner, das weiß ich alles."*

Im Training stellt sich raus, dass sie das tatsächlich alles wissen. Nur – sie setzen es im Tagesgeschäft einfach nicht um. Es scheitert immer an den drei Buchstaben TUN.

Um besser zu werden, lies entsprechende Fachmagazine.

Um besser zu werden, lies Fachbücher.

Hier findest du einige wertvolle Bücher und eBooks: http://amzn.to/1Ma7Hxa

Um besser zu werden, hör dir während der Autofahrt meinen Podcast an, nimm teil an deiner automobilen Universität.

Um besser zu werden, bilde dich selber weiter. Warte nicht auf den Tag, an dem dich dein Boss zu einem Training schickt. Dann ist es zu spät. Ergreif selber die Initiative. Die beste Investition mit den höchsten Zinsen ist immer noch die Investition in DICH.

23. Einwand: „Ich will noch mal darüber nachdenken."

Was wäre die Verkaufswelt ohne den Klassiker im Gespräch: „Ich will noch mal darüber nachdenken." Sicher entspannter und weniger frustrierend, oder? Dieser Einwand kommt ja doch sehr häufig im Verkaufsgespräch vor und lass uns darüber nachdenken, wie wir in Zukunft damit umgehen.

Ist das wirklich ein echter Einwand?

Sagt der Interessent: „Ich will noch mal darüber nachdenken" stellt sich die Frage, ob das wirklich die Wahrheit ist. Klar ist, dass einige Interessenten uns das sagen, damit sie uns loswerden. Sie sagen das, nicht weil sie darüber nachdenken werden, sondern nur weil wir gehen sollen. Kannst du mit diesem Einwand nicht umgehen, wirst du viel Zeit und Geld in eine Akquisition investieren, die es nicht wert ist. Hinzu kommen deine vielen unnützen Nachfass-Telefonate und Nachfass-E-Mails verbunden mit der Hoffnung auf bessere Zeiten.

Andererseits gibt es sicher einige Interessenten, die nun wirklich über den Sachverhalt noch einmal nachdenken wollen. Einige wollen die Entscheidung noch abwägen und andere wollen zu 100% sicher gehen, dass sie auch die richtige Entscheidung treffen. Gehörst du zu den Verkäufern, die in solchen Situationen leicht zynisch reagieren, dann kann es sein, dass du eine gute Gelegenheit für einen Abschluss verpassen wirst.

Wie gehst du jetzt mit diesem Einwand um?

Hier kommen drei Vorschläge von meiner Seite:

1. Sag nichts

Ich liebe diese Vorgehensweise. Besonders wenn ich telefonischen Kontakt zu einem Interessenten habe. So funktioniert dieser Tipp: Sobald dir der Interessent sagt, dass er noch einmal darüber nachdenken will, sag einfach nichts. Das ist alles was du zu tun hast. Warte einfach ab, was jetzt passiert.

Durch die Stille am Telefon entwickelt sich jetzt ein Vakuum. Diese Stille ist für viele Menschen unangenehm. Nach drei, vier oder sechs Sekunden haben diese Menschen das Bedürfnis, wieder etwas zu sagen (du kennst das aus meiner 3-Sekunden-Regel). Du wirst dich wundern, wie optimal diese Technik funktioniert. Für dich besteht der Trick darin dich so zu disziplinieren, dass du für einige Sekunden einfach schweigsam bist.

Typischerweise wird dein Gesprächspartner sein *„Ich will noch mal darüber nachdenken"* sorgfältig weiter interpretieren. Möglicherweise bekommst du jetzt den Hinweis, dass er mit seiner Frau, seinem Boss oder seinem anderen Geschäftsführer darüber sprechen will. Plötzlich taucht eine andere Person in diesem Spiel auf. Vielleicht will er auch noch auf ein anderes Angebot von deiner Konkurrenz schauen. Jetzt ahnst du bereits, dass du in einer Konkurrenzsituation bist. Oder dein Gesprächspartner ist einfach nicht interessiert. Auf jeden Fall liegen dir weitere Informationen vor, die für deine nächsten Schritte wichtig sind.

2. Gib ihm die Zeit – verlang eine Zusage

Ein anderer Punkt ist der, dass du ihm die Zeit gibst, die er benötigt. Denk aber daran, dass du ihm ein Zeitlimit setzt. Das könnte sich wie folgt anhören:

Interessent: *„Ich will noch mal darüber nachdenken"*
Verkäufer: *„Das verstehe ich, Herr Schneider. Eine Entscheidung wie diese benötigt Zeit. Mein Vorschlag ist, dass ich Sie in der kommenden Woche anrufe, um Ihre Fragen zu beantworten und um die nächsten Schritte gemeinsam mit Ihnen festzulegen. Wie sieht es bei Ihnen am Donnerstag gegen 8:45 Uhr in Ihrem Kalender aus?"*
Akzeptiert der Interessent den Vorschlag, ist die Vorgehensweise okay. Dein Gesprächspartner benötigt Zeit – egal aus welchen Gründen. Du weißt das, weil er zugestimmt hat zu einem speziellen Datum und zu einer speziellen Uhrzeit. Das ist eine Verpflichtung. Noch mal: Es geht hier nicht nur um den Tag sondern auch um eine konkrete Uhrzeit.

Dieser Ansatz ist nicht drückend und ideal für Interessenten, die noch etwas Zeit benötigen. Sie werden deine Freundlichkeit zu schätzen wissen. Das bringst du ja zum Ausdruck mit: *„Das verstehe ich, Herr Schneider."* Bei dieser Vorgehensweise hat der Interessent sicher nicht das Gefühl, dass er beschwatzt wird nur um eine Entscheidung kurzfristig herbeizuführen.

Machst du zu viel Druck auf, werden sie „Nein" zu deinem Angebot sagen, weil sie dich mit deinem aggressiven Verkaufen nicht mögen und weil keine Vertrauensbasis vorhanden ist. Dein Angebot kann noch so werthaltig und bestens kalkuliert sein, dein Interessent legt mehr Wert auf Vertrauen und positive Beziehung.

Geht dein Gesprächspartner nicht auf deinen Terminvorschlag ein, biete ihm einen anderen Tag und eine andere Uhrzeit an (denk an mein Termin-Mantra: Wochentag – Datum – Uhrzeit). Klappt es bei ihm immer noch nicht mit einem Termin, dann lass ihn einen Terminvorschlag machen. Wenn das auch nicht klappt, dann solltest du das Gespräch beenden und dir einen qualifizierteren Interessenten suchen.

3. Versuchsballon für Wahrheitsfindung

So holst du den Gesprächspartner emotional ab, um dann herauszufinden, ob der Einwand berechtigt oder nur eine Nebelkerze ist.

Interessent: *„Hmmmm, ich will noch mal darüber nachdenken.“*
Verkäufer: *„Das verstehe ich ja, Herr Schneider. Wenn ich in Ihren Schuhen laufen sollte, würde ich das sicher auch so machen.“* (Jetzt stellst du eine der folgenden Fragen:

- *„Herr Schneider, was mich besonders interessiert - welche Bedenken bestehen noch von Ihrer Seite?“*
- *„Herr Schneider, was mich besonders interessiert - was hält Sie heute von einer Entscheidung ab?“*
- *„Herr Schneider, was mich besonders interessiert - welche Fragen sind noch unbeantwortet?“*
- *„Herr Schneider, was mich besonders interessiert - auf welcher Basis treffen Sie die letzte Entscheidung?“*
- *„Herr Schneider, was mich besonders interessiert – hängt Ihr Nachdenken irgendwie mit meiner Person zusammen?“*

Mit diesem Versuchsballon für die Wahrheitsfindung wird sich dein Gesprächspartner weiter öffnen und dir weitergehende Informationen geben. Daran erkennst du, ob das nun ein echter Einwand ist oder doch nur eine Nebelkerze.

Sobald du in einem deiner nächsten Kunden- oder Interessentengespräche hörst: *„Ich will noch mal darüber nachdenken"* dann denk an diese drei Vorschläge. Arbeite damit und teil mir gerne deine Erfahrungen mit. Ich freue mich auf dein Feedback: salesman@wernerhahn.de

24. Abschließende Gedanken

Ich will noch einige weitere Ideen mit dir teilen. Ich lese ja viele Newsletter von deutschen und amerikanischen Trainern und dazu weitere Bücher.

Im Frühjahr habe ich mir ein Kindle von Amazon gekauft und gleich viele Gratis-Bücher geladen. Zusätzlich bin ich noch an einige eBook mehr oder weniger bekannter Verkaufstrainer gekommen.

Im Urlaub habe ich mir probeweise die FAZ, Focus und SPIEGEL ebenfalls auf meinen Kindle geladen. Doch was lese ich heute auf meinem Kindle?

Fachbücher lese ich grundsätzlich als Buch – nicht in elektronischer Form. Warum? Das hängt einfach damit zusammen, dass ich in jedem Fachbuch viele Vermerke und Notizen mache, Haftzettel einklebe etc. Das bringt mir den Vorteil, dass ich bei einem späteren Zugriff gleich auf die Informationen komme, die ich bereits vorgemerkt habe.

Bücher in elektronischer Form lese ich nur als „Trivial-Literatur", das sind Krimis, Reiseberichte etc.

Was ich besonders gerne auf dem Kindle lese ist täglich die FAZ. Wie umständlich ist es doch gewesen, als ich beruflich viel unterwegs war und einen Laden mit der aktuellen FAZ suchen musste. Insofern wird in der Nacht gegen 02 Uhr morgens die neueste Ausgabe übertragen und steht zum Lesen zur Verfügung. Das passiert alles mit meinem Kindle. Einfach toll.

25. Weise Worte

"Solange Sie handeln, wie Sie es schon immer getan haben, erhalten Sie auch weiterhin, was Sie schon immer erhalten haben. Wenn Sie nicht mögen, was Sie bisher erhalten haben, dann müssen Sie Ihr bisheriges Verhalten ändern."

Zig Ziglar

******

Nur wer sich selbst verkaufen kann, kann auch sein Wissen und Können verkaufen.

******

Menschen kaufen immer von Menschen.

******

Wir lassen uns ungerne etwas verkaufen, wir lieben es zu kaufen.

******

Ein guter Verkäufer bekommt, was er verdient. Wie sieht dein Verdienst aus?

******

Albert Einstein: Erfolg besteht zu 5 % aus Inspiration und zu 95 % aus Transpiration.

******

Sie können der Fleißigste sein, doch sie bringen nicht die Aufträge.
„Wer schreibt, der bleibt.“

＊＊＊＊＊＊

Du wirst nur besser, wenn du dich veränderst. Ohne Veränderung bleibst du da stehen, wo du gerade stehst. Wie offen du für Veränderungen in der Vergangenheit warst, ist unwichtig.

＊＊＊＊＊＊

Wichtig ist, wie offen du für Veränderungen jetzt bist. Die Entscheidung liegt wieder mal bei dir.

＊＊＊＊＊＊

Die Klage über die Schärfe des Wettbewerbs ist in Wirklichkeit nur die Klage über den Mangel an Einfällen.

Walter Rathenau

＊＊＊＊＊＊

Wissen ist nicht genug – Wir müssen es anwenden.
Wollen ist nicht genug – Wir müssen es tun!

Johann Wolfgang von Goethe

＊＊＊＊＊＊

Ein alter Cherokee-Indianer sitzt mit seiner kleinen Enkelin am Lagerfeuer. Er möchte ihr etwas über das Leben erzählen. Er sagt: „Im Leben gibt es zwei Wölfe, die miteinander kämpfen: der erste ist Hass, Misstrauen, Feindschaft, Angst und Kampf und der zweite ist Liebe, Vertrauen, Freundschaft, Hoffnung und Frieden.

Das kleine Mädchen schaut eine Zeitlang ins Feuer, dann fragt es: *„Welcher Wolf gewinnt?"*

Der alte Indianer schweigt eine ganze Zeit lang und sagt dann: *„Der, den du fütterst!"*

26. Deine fünf größten Feinde im Verkauf

Verkäuferfeind #5: Der Technik-Guru

Typische Berufsbezeichnung: Leiter Technik, Leitender Ingenieur, Chef-Programmierer, Technischer Leiter, neuerdings auch gerne Head Engineer, CTO Chief Technical Officer

Persönliches Markenzeichen: Er ist stolz auf sein technisches Wissen. Er ist überzeugt davon, dass alle Kunden von seinem Wissen beeindruckt sind.

Warum er dein Feind ist: Er glaubt, dass sich die Produkte von alleine verkaufen und alle Verkäufer nur Parasiten sind.

Wie er dich unter Druck setzt: Wenn er Kunden trifft, dann malt er ihnen lang und breit auf, wie die Produkte arbeiten und das sie die besten auf der Welt sind. Und wenn die Gesprächspartner seinen Erklärungen nicht folgen können, dann bezeichnet er sie als Dummköpfe.

Wie du mit ihm kooperieren kannst: Halte ihn fern von deinen Kunden. Wenn sich allerdings ein solcher Kontakt nicht vermeiden lässt, dann bereite deine Kunden vorausschauend auf das Ereignis vor. Sie werden ihn dann nicht für seriös nehmen.

Warnung: Er wird dich gnadenlos schlecht machen, wenn du seine Kompetenzen in Frage stellst.

Verkäuferfeind #4: Der Erbsenzähler

Typische Berufsbezeichnung: Finanz-Chef, Leiter Finanzen, Leiter Controlling, Leiter Buchhaltung, neuerdings auch gerne Head-Account, CFO Chief Financial Officer

Persönliches Markenzeichen: Denkt nur darüber nach, wie er Geld einsparen kann. Spielt für ihn keine Rolle, welche Kosten dadurch auftreten.

Warum er dein Feind ist: Er sieht den Verkauf als Kosten an und weniger als einen wichtigen Unternehmenskern.

Wie er dich unter Druck setzt: Er entwickelt Regeln und Durchführungsverordnungen, die einen Verkauf unmöglich machen. Beispiel: Radikale Reduzierung des Reisekosten-Budgets für Verkäufer, die nur noch in einem begrenzten Radius ihre Kunden und Interessenten besuchen können.

Wie du mit ihm kooperieren kannst: Bereite ihn auf entspannte Art darauf vor, wie viel Umsatz und Profit allein bei dir dadurch verloren gehen. Bereite eine Excel-Datei o.ä. vor und beeindrucke ihn mit deinen Zahlen.

Warnung: Sobald du frustriert bist, wird ihn das nur noch stärker ermuntern. Er weiß, wenn du dich unwohl fühlst, hat er einen guten Job gemacht.

Verkäuferfeind #3: Der böse Mann

Typische Berufsbezeichnung: Leiter Marketing, Vize-Präsident Marketing, Marketing-Manager, neuerdings auch gerne CMO Chief Marketing Officer.

Persönliches Markenzeichen: Er geht davon aus, dass Marketing den Vertrieb steuert. Oder das der Vertrieb nur der verlängerte Arm des Marketing ist.

Warum er dein Feind ist: Er addiert nur die Kosten für den Vertrieb, aber lässt die Werte für den Vertrieb außen vor.

Wie er dich unter Druck setzt: Er gibt viel Geld aus fürr Produkt-Videos und bunte Broschüren. Inhalt: nur bla – bla – bla. Kunden und Interessenten langweilen sich bei der Präsentation und reiben sich die verschlafenen Augen.

Wie du mit ihm kooperieren kannst: Seine Aufgabe besteht ja darin, dir werthaltige Leads zu präsentieren. Macht er das nicht, lass dir für jeden Kunden den du bringst, 500 Euro gutschreiben.

Warnung: Er hat sein ahnungsloses Management gut im Griff und alle weisen gerne darauf hin, wie wertvoll der Bereich Marketing doch ist.

Verkäuferfeind #2: Der Diktator

Typische Berufsbezeichnung: Verkaufsleiter, Vertriebsleiter, Teamleiter Vertrieb, neuerdings gerne auch General Account Manager, Vice President Sales, CSO Chief Sales Officer

Persönliches Markenzeichen: Er glaubt, als Leiter des Verkaufsteams muss er alles kontrollieren, was seine Mitarbeiter sagen und tun. Stellt er sie eine halbe Stunde in den Senkel, dann hat er sie nach seinen Angaben gecoacht.

Warum er dein Feind ist: Er schafft eine negative Umgebung, die es dir schwer macht, noch erfolgreich zu verkaufen.

Wie er dich unter Druck setzt: Er geht deine Verkaufstermine mit dir durch, spricht von deinen Abschlüssen und macht dich vor versammelter Mannschaft madig für das schlechte Ergebnis.

Wie du mit ihm kooperieren kannst: Halte dich von seinem Büro fern so oft es nur geht. Lass ihn auch im Dunkeln über deine kommenden Abschlüsse, die du in der Pipeline hast.

Warnung: Möglicherweise will er ein CRM-System installieren und dann kann er dich tagesgenau mit dem Navigationssystem kontrollieren. Schon heute werden Kontrollanrufe durchgeführt. Vorgeschobene Begründung: Zufriedenheitsanalyse. Echter Grund: Kontrolle. Jede Pinkelpause muss dann intensiv begründet werden.

Verkäuferfeind #1: DU

Typische Berufsbezeichnung: Verkäufer, Vertriebsbeauftragter, Berater, Handelsvertreter, neuerdings auch gerne Key-Account-Manager, Kontakter, Business-Botschafter, Salesman.

Besondere Charakteristik: Du nimmst dir einfach nicht die Zeit, deinen Horizont zu erweitern. Verkaufsmethodik, Verkaufswissen, Einstellung, Begeisterung, Nutzenanalyse, Fragetechnik, Preisgespräche und andere Punkte des Verkaufsprozesses sind dir fremd. Auf die fünf wichtigsten Kunden-Einwände hast du keine Antwort.

Warum du dein größter Feind bist: Du bist für deinen Verkaufserfolg *verantwortlich*. Egal, auf welche Feinde und Probleme du jeden Tag in deinem Verkaufsgebiet triffst.

Wie du dich unter Druck setzt: Endloses Palaver. Du sprichst mehr beim Kunden als das du zuhörst. Präsentationen sind von dir schlecht vorbereitet. Deine Zusagen hältst du nicht ein usw. usw. usw.

Wie du mit deinen Limitierungen kooperieren kannst: Beseitige sie. Entscheide dich jetzt hier und sofort, dass du der *BESTE* in deinem Fach sein willst. Triff eine Vereinbarung mit dir und dann starte durch. Du weißt genau, was du zu tun hast.

Warnung: Wenn du diese Vereinbarung jetzt mit dir triffst und du die ersten Aktivitäten startest, wird dich keine von den vier anderen Feindbildern davon abhalten, erfolgreich im Verkauf zu werden.

27. Werner F. Hahn

Hard- oder Softselling. Schwarz oder weiß – DIE Verkaufstechnik gibt es nicht. Es kommt immer auf die eigene Persönlichkeit, das Produkt und das Unternehmen an. Mit 30 Jahren Verkaufserfahrung weiß Werner F. Hahn, welcher Mix **mit Sicherheit mehr Umsatz bringt**.

Wo für den "großen Namen" unter den Verkaufstrainern Zeit oder Begeisterung fehlen, das zählt zu den Kernkompetenzen und zeichnet ihn als Erfolgstrainer aus: das **Training on the Job** (von der Akquise über den Erst-Termin bis hin zum Abschluss-Gespräch). Dabei greift Werner F. Hahn auch mal selbst zum Hörer und stellt sein Können als Akquisiteur unter Beweis.

Zur Wissensvermittlung braucht es manchmal nur Stift und Papier – wie bei echten Verkaufsgesprächen. Diese Vorgehensweise hilft den Teilnehmern, sich schrittweise das Wissen zugänglich zu machen.

Das Bild entsteht vor ihren Augen. Das regt die Hirnaktivitäten intensiver an, als vorgefertigte Präsentationen. Das Wissen verfestigt sich besser und kann später schneller abgerufen werden. *"PowerPoint-Präsentationen sind betreutes Vorlesen",* so Werner F. Hahn.

Wenn Sie für Ihre Ziele einen Profi brauchen, der es schafft, in freier Rede Bilder zu erzeugen und Geschichten zu erzählen, die bei den Teilnehmern hängen bleiben, dann fragen Sie jetzt die Verfügbarkeit von Werner F. Hahn an.

Fast dreißig Fachbücher bzw. eBooks liefern einen breiten Einblick in das Fachwissen des Autors und Referenten Werner F. Hahn und unterstreichen auch den hohen Anspruch, seinen reichhaltigen Erfahrungsschatz an andere Verkäufer mit Begeisterung weiterzugeben.

So erreichen Sie Werner F. Hahn:

Telefon: 0171 – 650 56 90
Internet: www.wernerhahn.de

Blog Verkaufen: www.wernerhahn.de/sales-vitamins
E-Mail: salesman@wernerhahn.de
Facebook: https://www.facebook.com/VerkaufstrainingWFHahn/
YouTube: http://youtu.be/c9sh1bMFph0
XING: https://www.xing.com/profile/WernerF_Hahn
Twitter: https://twitter.com/WernerFHahn
Google+:
https://plus.google.com/u/0/+VerkaufstrainerWernerFHahn/posts
LinkedIn: http://de.linkedin.com/pub/werner-f-hahn

Folgende Fachbücher hat Hahn bisher veröffentlicht:

* 111 Verkäuferfragen & 111 professionelle Antworten
  Werners rote Verkäuferkladde

* 88 typische Verkäuferfehler
  Werners schwarze Verkäuferkladde

* Mach den Auftrag
  Werners blaue Verkäuferkladde

* Kaltakquisition – so bekommst du fast jeden Termin
  Werners weiße Verkäuferkladde

* 222 Fragen, die Topp-20%-Verkäufer erfolgreich einsetzen
  Werners pinke Verkäuferkladde

* Wie Rabatte dein Geschäft ruinieren
  Werners grüne Verkäuferkladde

* Vorwand? Einwand? Kaufsignal!
  16 Vorwände/Einwände und 155 professionelle Antworten

Alle Fachbücher findest du auch in meinem Shop
www.wernersshop.de

Alle Fachbücher und eBooks findest du auch bei Amazon
http://amzn.to/1GEn7oR und in über 1.000 weiteren Onlineshops.

28. Literaturverzeichnis:

"Alle literarischen Werke sind Plagiate,
ausgenommen das Erstwerk, das
meistens unbekannt ist."
Jean Giraudoux

Detroy, Erich-Norbert	Sich durchsetzen in Preisgesprächen
Fett, Josua	Die Mehr-Wert-Strategie
Hahn, Werner	111 Verkäuferfragen
Hahn, Werner	88 typische Verkäuferfehler
Hahn, Werner	Mach den Abschluss
Hahn, Werner	Kaltakquisition
Hahn, Werner	Mehr Termine. Mehr Aufträge.
Havener, Thorsten	Ich weiß was du denkst
Hopkins	Einfach Verkaufen
Limbeck, Martin	Nicht gekauft hat er schon
Pink, Daniel	MEHR WERT
Sickel	Mehr Umsatz mit Kaltakquise
Simon, Hermann	Preisheiten
Thieme, Kurt	Preisdruck?
Taxis, Tim	Heiß auf Kaltakquise
Ziglar	Der totale Verkaufserfolg
Zimmermann	Großerfolg im Kleinbetrieb

29. Haftungsausschluss

Der Autor übernimmt keinerlei Gewähr für die Aktualität, Richtigkeit und Vollständigkeit der bereitgestellten Informationen in diesem eBook. Haftungsansprüche gegen den Autor, welche sich auf Schäden materieller oder ideeller Art beziehen, die durch die Nutzung oder Nichtnutzung der dargebotenen Informationen bzw. durch die Nutzung fehlerhafter und unvollständiger Informationen verursacht werden, sind grundsätzlich ausgeschlossen, sofern seitens des Autors kein nachweislich vorsätzliches oder grob fahrlässiges Verschulden vorliegt.

Meine Angebote sind freibleibend und unverbindlich. Als Autor behalte ich mir es vor, Teile der Seiten oder das gesamte Angebot ohne gesonderte Ankündigung zu verändern, zu ergänzen, zu löschen oder die Veröffentlichung zeitweise oder endgültig einzustellen.

30. Danke!

Im Regelfall bedankt sich der Autor bei seinem Schwippschwager, seiner Schweigermutter und allen anderen Personen, die ihm besonders nahe stehen und/oder standen. Ich bedanke mich heute bei dir als mein Kunde, der du dieses Buch gekauft hast und damit mein Bankguthaben hast ansteigen lassen.

Die gute Nachricht: setzt du die Punkte aus diesem Buch konsequent um, dann wird das zu einer prall gefüllten Geldbörse bei dir führen. Und wenn zwei Geldbörsen prall gefüllt sind, ist das für uns beide eine win-win-Situation!

31. Partner: Angela D. Kosa – Neuro Communication Designer

„Was macht ein ,Neuro Communication Designer'?", werden sich die meisten jetzt fragen. Diejenigen, die vermuten, dass es etwas mit Neuromarketing und (Web-)Design zu tun haben könnte, kommen der Antwort schon recht nahe.

Als ehemaliger Key Account Manager und leidenschaftlicher Verkäufer hat die Betriebswirtin Angela D. Kosa sich darauf spezialisiert, „im Kunden zu denken" und die Kundenansprache so darauf abzustimmen, dass sie in dessen limbischem System den „Habenwollen-Reiz" auslöst.

Das Ziel ist, authentisch genau den Persönlichkeitstyp unter den potenziellen Kunden anzusprechen, mit dem der Anbieter den größten Spaß hat.

Am meisten verbreitet ist in der Kundenansprache aktuell immer noch die „Schrotflinten-Methode": blindlings auf die Kundenmasse zielen und darauf hoffen, zufällig jemanden zu treffen, der dann nach zäher Überzeugungsarbeit Kunde wird.

Angela D. Kosa geht mit ihrer „ThinkClient!"-Methode beispielsweise bei der Erstellung von neuro-responsive Websites den neuen, effizienteren Weg:

Das „Neuro-Profiling" des Auftraggebers und dessen „Wunschkunden" gibt die Zusammensetzung des Köders vor, der auf der Website ausgelegt wird.

Denn die meisten beschäftigen sich vielleicht damit, wie sie bei Google besser gefunden werden, verschwenden dann jedoch leider keinen Gedanken daran, was der Interessent zu sehen und zu lesen bekommt – also, ob das Angebot im Besucher der Website den „Habenwollen-Reiz" auslöst.

Das Ergebnis des Neuro Communication Designs nach der „ThinkClient!" Methode von Angela D. Kosa ist:

- Auslösen des „Habenwollen-Reizes" bei dem vorgegebenen Persönlichkeitstyp des Wunschkunden („Geschäftsführer" als beispielhafte Definition für den Wunschkunden reicht bei weitem nicht aus!)
- Der Interessent hat schon gekauft, bevor er den finalen Preis kennt. Somit entfallen lästige Preisverhandlungen. Stattdessen werden Rechnungen vollumfänglich und pünktlich bezahlt.
- Exzellente Referenzen, hohe Weiterempfehlungsquoten, gute Aussichten auf Folge-Aufträge.

Somit steht „Neuro" für alles, was sich im Rahmen einer Kaufentscheidung im limbischen System des Kunden abspielt und „Communication" für eine Ansprache, die exakt dem Persönlichkeitstyp des Wunschkunden entspricht. Unter „Ansprache" wird alles zusammengefasst, was Reize im Gehirn bzw. Unterbewusstsein auslöst.

Dazu zählen u.a. Logo, Bilder, Slogans, Farben, Formen, Layout (Reihenfolge der Informationen, z.B. bei einer Website oder Präsentation) sowie die gezielte Wortwahl.

Und schließlich beinhaltet „Design" die wertschöpfende Gestaltung der einzelnen Bestandteile.

Angela D. Kosa, Neuro Communication Designer

Web: http://think-client.de sowie http://my-seo-star.com

Kontakt: info@my-seo-star.com

Partner: Gregor Zawadzki, Dipl.-Designer

Vom guten Design zum zielführenden Design als Wertschöpfung

Dass ein "*gutes Design*" wichtig und renditerelevant ist, ist bei den Unternehmen längst angekommen. Doch was ist eigentlich "*gutes Design*"?

Gilt hier "*Je teurer, desto besser*"? oder je größer, lauter oder auffälliger? Manch ein selbsternannter "*Profi Designer und Marketer*" würde jetzt los rufen "*Wir müssen uns von den Anderen abheben*!", "*Wir müssen anders sein als die Anderen*!" Doch so simpel ist die Formel sicher nicht.

UND - Anders zu sein ist ganz schön anspruchsvoll! Nehmen Sie die vielen Flaschen Shampoo im Regal des Drogeriemarktes - so steht Ihr Unternehmen zwischen den Anderen. Jede Flasche ist ANDERS, die eine auffälliger, bunter, schriller, wunder-versprechender als die Andere - und doch alle GLEICH!

Nun, jede Shampoo Flasche in diesem Drogeriemarkt hat zumindest einen wichtigen Punkt erfüllt, den der "*selbsternannte Profi*" ausblendet: Sie hat sich in Ihrem Bereich eingegliedert, sie läuft nicht Gefahr mit einer Ketchup Flasche verwechselt zu werden. Ihre Chancen, als eine unter den Anderen gewählt zu werden, sind dadurch bereits als Fundament vorhanden.

Was bedeutet das nun für das Design eines Unternehmens, einer Firma, eines Produktes? Das bedeutet, dass der Profi genau untersuchen muss, wie die Branche aufgebaut ist, wie sich die Konkurrenzprodukte präsentieren – der Designer muss wissen, in welcher Liga Sie als Kunde in der Zukunft mitspielen wollen!

Erst wenn das Fundament gelegt und ein Design erarbeitet ist, das sich in eine Branche, eine Produktpalette, in eine Liga eingegliedert hat, werden Sie durchstarten und beginnen ANDERS zu sein. Da gilt es ein USP zu erarbeiten, welches Grundlage ist durch die Einzigartigkeit ANDERS zu sein.

Ist das dann bereits "*gutes Design*"? Es ist zumindest das Fundament jeden guten Designs!

Oft wird Design mit Schönheit und Ästhetik in Verbindung gebracht. Ist ein schönes und ästhetisches Design ein Garant für "*Gutes Design*"?

Auch da steht man nur vor der halben Wahrheit. Design verbindet die Formgebung mit der FUNKTION.

Ein Beispiel:

Wir haben eine Produktpallette mit Mittelklasse-Produkten und wollen eine Wertschöpfung mit Hilfe des Designs erreichen. Was machen wir?

Wir kommunizieren die Mittelklasse-Produkte im hochwertigen, schönen und ästhetischen Design, dann werden wir die Produkte teurer verkaufen und steigern damit den Gewinn. Richtig?

Das kann beim Kunden folgende Gedankengänge auslösen:
"Das ist alles bestimmt zu teuer für uns!"
"Haben die nichts in einer anderen Preisklasse?"
"Ich brauche das Beste vom Besten, haben die nichts Hochwertiges?"

Durch gezieltes Design kann man den Verkauf so steuern, dass alle Produkte einen Abnehmer finden. Ein *"billig"* wirkendes Produkt kann ein anderes Produkt aufwerten und gleichzeitig den Schnäppchenjäger ansprechen. Ein besonders hochwertig wirkendes Design kann ebenso für viele Käufer einen höheren Preis rechtfertigen.

Übrigens: Selbst Schnäppchenmärkte mit ihren Standardprodukten erkennen, wie wichtig *"Gutes Design"* sein kann.

Fakt ist: Ein *"gutes Design"* entwickelt sich zu einem *"zielführenden Design"*.

ingenium – Design und Kommunikationsmedien, Mainz
Dipl.-Designer Gregor Zawadzki
www.ingenium-design.de

32. 1-Tages-Intensiv-Training: Mehr Termine. Mehr Aufträge.

Ein Verkaufsleiter definierte es so: *"Ein Verkäufer, der die Akquisition nicht beherrscht, ist wie ein Zimmermann, der mit dem Hammer nicht umgehen kann. Wenn der Verkäufer die Akquise nicht beherrscht, wird er niemals in seinem Verkäuferleben erfolgreich sein."*

Das lernst du in diesem Training:

1. Die Bedeutung deiner JA!-Einstellung im Verkauf: Quotenerfüllung 80% oder 125%?
2. Die acht Stufen zum Verkaufserfolg.
3. So überzeugst du die Palastwache und wirst gerne zum Entscheider durchgestellt.
4. Wecke das Interesse des Entscheiders mit Match Pitch in 12 Sekunden und hol dir sofort ein emotionales „Ja, gerne – das interessiert mich!" ab.
5. Mit positiver und zielorientierter Sprache die richtigen Fragen stellen und die wahren Bedürfnisse, Träume und Wünsche der Kunden erkennen.
6. Werthaltige Termine vereinbaren durch kundenindividuelle Ansprache mit Wort-für-Wort-Gesprächsleitfaden.
7. Erarbeitung einer unternehmensspezifischen WERT- und NUTZEN-Argumentation für die wichtigsten drei Produkte.

8. Einwand-Behandlung? HURRA - das sind doch Kaufsignale! Einwände verstehen und den Kunden zum Teil der Lösung machen.

9. Angst vor Akquise/Kaltakquise/Neukundengewinnung? So einfach funktioniert es!

10. Wie du mit DNS und der 3+3+3-Regel schneller und sicherer zum Abschluss kommst.

11. Die 4 wichtigsten Fragen im Abschluss.

12. Wie du bereits im Ersttelefonat eine Kauf-Zusage bekommst.

13. Erfolgreich Verkaufen ohne zu verkaufen? VERKAUFEN 4.0 - weg von den Verkaufsargumenten und hin zu den Kaufargumenten.

Ausführliche Dokumentation mit individuellen Gesprächs- und Telefonleitfäden, NUTZEN-Argumentation und Einwand-Behandlung für jeden Teilnehmer.

Ideal für: Einsteiger im Vertrieb, Vertriebs-Assistenten, Vertriebs-Sekretärin, Vertriebsbeauftragte, Verkäufer im AD und ID, Junior- und Senior-Verkäufer, Vertriebs-Ingenieure – kurz: für alle, die heute Kundenkontakt haben.

Termin: nach Absprache oder im Shop unter www.wernersshop.de

Ort: deutschlandweit

Deine Investition: € 499 plus MwSt. pro Teilnehmer

Hohe Lernquote, da max. 10 Teilnehmer.

Meine Geschenke:

- 30 Minuten 1:1 Life-Telefon-Coaching nach dem Training (ich beantworte Ihre Fragen und zeige Lösungen auf)
- Das Fachbuch: *Mehr Termine. Mehr Aufträge.*
- Das Fachbuch*: 111 Verkäuferfragen & 111 professionelle Antworten*
- eBook: 30 Tage Aktionsplan zum Erfolg
- eBook: Kaltakquisition

Wert der Geschenke: € 249

Dieses Training führe ich auch unternehmensindividuell durch. Ihre Anfrage senden Sie an: werner@wernerhahn.de

33. 1-Tages-Intensiv-Training: Wie Rabatte dein Geschäft ruinieren und wie du ab sofort zum Listenpreis verkaufst!

- *83 Prozent der Unternehmen erleben einen starken Preisdruck*
- *58 Prozent bezeichnen die Situation offen als Preiskrieg*
- *Nur 37 Prozent der Unternehmen gelingt es, ihre Preisforderungen am Markt durchzusetzen*
- *77 Prozent der Unternehmer sagen, dass eine Preiserhöhung nur über neue Produkte möglich sei.*
- *72 Prozent der Neuprodukte verfehlen allerdings ebenfalls die in sie gesetzten Preiserwartungen*
- *Jedes vierte Unternehmen hat nach eigener Aussage nicht ein Produkt im Angebot, das die gesetzten Gewinnziele erreicht.*

Verrückte Welt: Meine Trainingsteilnehmer sagen mir: "Werner, ohne Rabatt läuft nichts mehr!"

80% der Preisdurchsetzung hängen von einer guten Vorbereitung ab und nur 20% von der Verhandlung selbst.

Erstaunlich ist, dass die Topp-20%-Verkäufer keine oder nur ganz wenige Probleme mit Rabatten in der Preisverhandlung haben. Was machen diese Verkäufer anders und besser?

In diesem 1-Tagestraining lernst du:

- Das Märchen vom Gewinn
- Der Anfang vom Ende: Rabatte, Boni, Nachlässe...
- Welche Rabatt-Signale sendest du aus?
- Welche Bedeutung die 3+3+3-Regel plus DNS für dich im Verkauf hat
- 8 Fragen die du dir stellen solltest, sobald du an Rabatt denkst
- Was Rabatte wirklich kosten
- Wie Rabatte deinen Gewinn schmälern
- So viel Mehrumsatz müssen deine Rabatte bringen
- Die unverstandene Rolle des Preises
- Sie sparen die Mehrwertsteuer von 19% und machen Profit? Da kann wohl einer nicht rechnen
- Rabattierte Preise bringen dir rabattierte Kunden
- Probleme beim Abschluss? Rabatte helfen dir nicht weiter
- Der Preis ist die Waffe des Einkäufers - als Verkäufer schlägst du mit dem WERT des Produktes zurück
- Ein einfacher Weg um Rabatte zu vermeiden
- Ist dein genannter Preis wirklich dein endgültiger Preis?
- Einwand-Behandlung? HURRA - das sind doch Kaufsignale!

Einwände verstehen und den Kunden zum Teil der Lösung machen.

Termine: nach Absprache oder im Shop: www.wernersshop.de

Ort: deutschlandweit

Deine Investition: € 499 plus MwSt. pro Teilnehmer

Hohe Lernquote, da max. 10 Teilnehmer.

Meine Geschenke:

- 30 Minuten 1:1 Life-Telefon-Coaching nach dem Training (ich beantworte Ihre Fragen und zeige Lösungen auf)
- Das Fachbuch: *Mehr Termine. Mehr Aufträge.*
- Das Fachbuch: *111 Verkäuferfragen & 111 professionelle Antworten*
- eBook: 30 Tage Aktionsplan zum Erfolg
- eBook: Kaltakquisition

Wert der Geschenke: € 249

Dieses Training führe ich auch unternehmensindividuell durch. Ihre Anfrage senden Sie an: werner@wernerhahn.de

34. sales vitamins – frische Vitamine für besseres Verkaufen

Wir sind leistungsfähiger, haben bessere Stimmung und eine gesündere Ausstrahlung, wenn die Ernährung stimmt. Genau das bewirken die „sales vitamins" von Werner F. Hahn, denn auch im Verkauf entscheidet der gesunde Mix der einzelnen Erfolgsfaktoren über Kundengewinnung, Aufträge und – mehr – Umsatz.
Doch jeder Verkäufer ist anders.

Das gilt auch für die Produkte und Dienstleistungen, die er verkauft. In den theoretischen Verkaufstrainings und den anschließenden praktischen Trainings-on-the-Job lernen Ihre Vertriebsmitarbeiter, worauf sie in Bezug auf ihre eigene Persönlichkeit und das Produkt gezielt achten müssen.

Ähnlich wie ein Personal Trainer im Sport oder ein Ernährungsberater entwickelt Werner F. Hahn des besten Mix an „sales vitamins", um die Kundengewinnung zu optimieren, mehr Aufträge zu generieren und die Umsätze zu steigern – mit mehr Sicherheit.

Alle 14 Tage erscheint der Gratis-Newsletter mit werthaltigen Tipps zum sofortigen Umsetzen im nächsten Kundengespräch. Fordern Sie auf der Startseite von www.wernerhahn.de die 111 Tipps für Kaltakquise an und Sie werden in den Verteiler für den Newsletter eingetragen.

35. Podcast: deine automobile Universität

Hol dir auf der Fahrt zu deinen Kunden und Interessenten die nötige Dosis von Motivation und Inspiration mit den Themen rund ums Verkaufen.

Auch in meinen Podcasts bekommst du perfekte Sätze, Wort-für-Wort-Gesprächsleitfäden, die das Herz deines Gesprächspartners erreichen. Du kennst ja mein Mantra:

Verbindlich Verkaufen mit guten Gefühlen.

Die Podcast findest du hier unter www.wernerhahn.de oder du gehst in den iTunes Store und gibst als Suchbegriff ein: **Verkaufstrainings** und dann geht es sofort los.